TAX

我国纳税人
权利保护研究

王美慧 ◎ 著

首都经济贸易大学出版社
Capital University of Economics and Business Press
·北京·

图书在版编目（CIP）数据

我国纳税人权利保护研究/王美慧著 . --北京：首都经济贸易大学出版社，2023. 11

ISBN 978-7-5638-3596-6

Ⅰ.①我… Ⅱ.①王… Ⅲ.①税法-研究-中国 Ⅳ.①D922.220.4

中国国家版本馆 CIP 数据核字（2023）第 186135 号

我国纳税人权利保护研究
WOGUO NASHUIREN QUANLI BAOHU YANJIU
王美慧 著

责任编辑	胡 兰
封面设计	砚祥志远·激光照排 TEL：010-65976003
出版发行	首都经济贸易大学出版社
地 址	北京市朝阳区红庙（邮编 100026）
电 话	（010）65976483 65065761 65071505（传真）
网 址	http：//www.sjmcb.com
E- mail	publish@cueb.edu.cn
经 销	全国新华书店
照 排	北京砚祥志远激光照排技术有限公司
印 刷	北京建宏印刷有限公司
成品尺寸	170 毫米×240 毫米 1/16
字 数	197 千字
印 张	13.75
版 次	2023 年 11 月第 1 版 2023 年 11 月第 1 次印刷
书 号	ISBN 978-7-5638-3596-6
定 价	58.00 元

序

在近现代社会，税收成为世界各个国家运行的重要基础支撑，税收涵盖的功能亦随着国家重心的发展有所不同。特别是累进税的广泛使用，对纳税人负担以及公民权利的发展具有极其重要的作用。即使这样，各国财税功能及其财税法律制度仍然具有父权性质，税款如何使用与纳税人权利之间极少有直接的关联。当代社会，税收具有普遍性，纳税人纳税权利意识逐渐觉醒，开始关注纳税权利保护问题。

在我国长久历史发展中，国家与纳税人是典型家父权力与税者无权的子民顺从关系。新中国成立后，国家财政基础是通过超强的汲取利费能力实现的，税收没有体现出应有的作用。改革开放以后，随着财税制度的发展，税收成为国民经济收入的主要来源。据此，我国形成了以纳税人义务为中心的财税制度体系结构，税收的强制性和无偿性成为税收法律制度的鲜明特色。随着现代法治社会的发展，中国特色的社会主义法治体系呈现出法律发展的重要规律，即义务本位向权利本位演进，构造以权利为中心的法律体系。特别是 2015 年《中华人民共和国立法法》的修订，将税收法定作为主要修改内容受到举世瞩目；而 2018 年《中华人民共和国个人所得税法实施条例》及国务院《关于印发个人所得税专项附加扣除暂行办法的通知》的颁布，将我国民众涉税财产权益保护上升到民生的高度予以重视。

然而，以《中华人民共和国税收征收管理法》为核心的财税法制度设计中，虽然赋予了纳税人较完善的税中权利，但不可否认的是，整个财税法仍然呈现出权义失衡的体系结构，纳税人税前、税后权利的缺位，使得无论纳税人征税中权利规定如何完善，终将不能弥补纳税人权利体系的缺憾。

令人欣慰的是，王美慧博士的本部专论，针对税收管理范式向治理范式的转变需要，从提升财税法体系品质的目的出发，通过矫正权义失衡的体系结构，对纳税人应拥有税前权利、税中权利、税后权利以分享国家治税权的理论研究，弥补了我国税法体系中仅对纳税人税中权利有所规定的制度缺憾；其出台纳税人权利保护专门法的建议，对税收立法的参与权利、对税款使用的监督权利以及对权益受损的救济权利的制度设想，体现了"专门法"具有"回应型"立法属性，从而使财税法呈现出"共治型"体系特点的独具特色的理论贡献。

本书以王美慧老师的博士论文为基础，从多维角度探寻纳税人权利保护的理论根源和具体发展方向，以税收国家理论、社会契约理论、公共财政理论、公法之债理论和国家治理理论的政治学、经济学、法学和管理学为依据，从逻辑起点、价值取向、历史演化和地位转型四个角度对义务中心论与权义平衡论进行比较，阐明了增强纳税人权利保护专门法质效的制度依托。同时，通过对纳税人进行问卷调查的实证分析，概括纳税人权利的现实需求以及面临的困境。在纵向比较我国税收制度改革的阶段性目标异同后，提出在新的目标要求下构建全方位保护纳税人的税收法律体系，以实现税法健全和进步的观点。专著特别之处更在于从成本-效益的角度对纳税人权利保护路径进行分析，通过理性、审慎的视角为立法者提供可参考的建议。纳税人权利保护研究凸显了建设法治国家、法治政府，提高国家治理能力与治理水平的实践价值，更体现了构建友好型税收关系的重要意义。

期待王美慧老师多年精心研究的成果能够引起有关立法机构的重视与纳税人的支持呼应。

李晓安

2023 年 8 月 18 日

前　言

  税收是文明的产物。在经济不断发展的进程中，税收逐渐成为国家组织财政收入最主要的形式和最重要的来源。税收收入为国家各项职能的实现提供了物质保障，公民在获得享受国家提供的公共产品与服务的资格时，也应当履行缴纳税款的义务。而作为国家机器得以运行的成本主要承担者，纳税人还应获得相应的权利保护。在我国财税制度历史发展中，强势国家与"无声"纳税人构成我国税收征纳主体的特点，因此在进入现代财政阶段之前的很长一段时间，对纳税人权利保护的重视程度不高，强调义务本位，传统行政化色彩较为浓重。税法作为利益协调之法，自身的完备程度关乎国计民生和个体利益，它既保障国家利益的合法实现，又保护公民私有财产不受非法侵犯。因此，随着法治理念的不断深化、纳税人权利意识的不断增强以及国家治理能力现代化的不断推进，保护纳税人权利日益成为世界各国（地区）在税收治理中普遍关注的问题。对纳税人权利保护的质效关乎治税新格局目标、财税法体系的权益平衡、经济社会快速发展需求的实现。然而，当今我国学者的讨论多聚焦于具体权利内容以及税收立法如何作出调整等方面，忽视了对纳税人权利保护体系的形成及其构建前提的思考，对纳税人权利保护专门立法的研究还处于相对滞后的状态。本书拟从税收本质出发，多维度探寻纳税人权利保护的理论根源和具体发展方向，总结我国纳税人权利保护面临的现实困境，有针对性地运用法律经济学方法进行分析，探讨我国纳税人权利保护制度较为合理的路径选择。由此得出结论：我国应形成健全的纳税人权利保护机制，实现义务本位向权利本位的根本性转变，以促进纳税人良好纳税遵从，提升国家为纳税人提供完善征纳服务的使命感，保障纳税人权利的有效实现。

  本书在导论中重点阐明了选题来源及理论实践意义，对国内外关于纳税行为、纳税人权利、纳税人权利保护的研究进行述评，介绍本书的研究思路与使用的方法，以及创新点。

第一部分主要阐明纳税人权利保护的理论基础。有效保障纳税人权利是税收活动内在机制的必然要求，具有十分重要的意义。通过论述税收的"善"与"恶"，得出应实现税收正义、消除负外部性和限制税收权力的观点。通过论述"对价说"与"限制说"，为纳税人权利保护提供更高层面的理论支撑。最后，从逻辑起点、价值取向、历史演化和地位转型四个角度对义务中心论与权义平衡论进行比较。从税收国家理论、社会契约理论、公共财政理论、公法之债理论和国家治理理论角度分别论述了纳税人权利保护的逻辑起点、政治学依据、经济学依据、法学依据和管理学依据，对纳税人权利保护制度存在的正当性进行分析，提出权义平衡理论下纳税人权利保护的合理效益预期。

第二部分基于对纳税人的问卷调查，通过实证分析，概括纳税人权利的现实需求以及面临的困境。在纵向比较我国税收制度改革的阶段性目标异同后，提出在新的目标要求下构建全方位保护纳税人的税收法律体系，以实现税法健全和进步的观点。在梳理我国纳税人权利保护制度的法律内容后，通过实证分析，厘清纳税人权利保护制度的供需情况，分析出我国纳税人权利保护制度供需失衡的原因。在征纳过程中，我国税收领域的消极权利观、税务稽查制度瑕疵及税法解释权力行使不规范等都显示出现有制度的缺陷，而"双重前置"程序和税收公益诉讼的现实障碍造成了纳税人权利救济制度效果不彰，这些问题都对纳税人权利保护制度的完善，尤其是在纳税行为发生前和完成后的纳税人权利补充做出呼吁。

第三部分对纳税人权利保护的模式进行比较分析，并通过梳理国外的制度供给，概括对中国实践的启示。以纳税人权利保护的驱动力为依据，可分为仅中央政府提供驱动力的单一保护与多部门联动的综合保护模式，综合保护模式在法治国家建设内在体系的外显需求以及纳税人权利保护法律体系的融贯性需求满足程度上均胜一筹；而以纳税人权利保护的制度渊源集散情况为依据，可分为多部门法律法规提供制度渊源的分散模式与纳税人权利保护专门法提供渊源的集中保护模式，通过运用"成本–效益"方法，得出集中保护模式成本低、效益高的结论，从而提出构建纳税人权利保护专门法的观点。最后，通过对国内外纳税人权利保护专门立法的制度供给进行横向的比较分析，总结出纳税人权利保护法在我国本土化的主要侧重点。

第四部分探讨了纳税人权利体系及"纳税人权利保护法"构建，阐明了增强纳税人权利保护专门法质效的制度依托。专门法应定位于宪法精神在税法领域的内容呈现、财税法体系权义平衡论的价值彰显以及税法体系完备化的必由之路，遵循税收法定原则、量能平等原则和税收效率原则三大法律原则，设置总则、纳税人基本权利、纳税人基本义务、国家对纳税人权利的保护、争议的解决、法律责任、纳税人权利保护机构、附则等共8章，构建由"税前权利""税中权利""税后权利"组成的纳税人权利体系。本书提出以纳税人满意度作为专门法质效的内在评价指标，以经济社会发展水平作为专门法质效的外在评价指标。在立法阶段，鼓励纳税人的公平参与和积极表达，明确税收法律解释原则；在执法阶段，降低自由裁量权的消极影响，增强信息化建设对科技兴税的正向作用；在司法阶段，增强税收复议制度的相对独立性，设立税务法庭以满足税务诉讼的专业性需求。通过这些具体做法，回应并帮助解决纳税人权利保护面临的现实困境。

自有国家以来，贡赋、税负成为支持国家运行的财政基础。国家形成最重要的标志即是以领土为界，此形式特征决定了国家早期本质功能是通过战争争夺领地。因此，在一定程度上，人类进化史伴随着国家战争史。而税负的出现即是为了满足国家战争的需要，只要开战，国家所辖领地的属民要么出人（当兵），要么出钱（纳税）。国家—战争—税负随即成为一种强关联，由此决定了国家本位主义传统下强势国家与无声纳税人构成各国早期历史中税收征纳主体的特点。

王美慧

2023 年 5 月 18 日

目　录

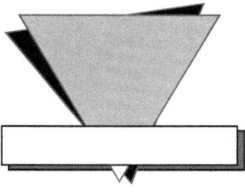

导论

一、引言

在国家发展进程中，税收对于一国取得充足财政收入以提供良好的公共产品至关重要。税款征收是以缴纳钱款的形式进行的执法活动，该活动必然要对私人财产权的行使产生负外部性①，因此税收征收法律制度中征税主体的权力、义务与纳税主体的权利、义务的划分十分重要。改革开放40多年来，我国的全方位快速发展离不开以功能设计与规范建构为内容的税收制度，其具体表现为以政府征税权力为中心、纳税人②义务为主体。在经历了1994年的社会主义市场经济初期以税种划分为基础的分税制改革，以及2004年社会主义市场经济完善时期以建立社会主义市场化经济体制为目标的税制改革之后，目前，我国正在进行新一轮财税体制改革。

2009年11月，国家税务总局《关于纳税人权利与义务的公告》（以下简称《公告》）发布后，社会各界开展了对《公告》中"纳税人权利"的热议。虽然有赞同、有质疑，但可以确定的一点是，纳税人权利已经成为国家治理的"必答题"，亟待社会各界深入探索与研究。

2020年10月29日中国共产党第十九届中央委员会第五次全体会议通过的《中共中央关于制定国民经济和社会发展第十四个五年规划和二〇三五年远景目标的建议》③中，关于税制改革、国家治理以及民生、社会建设方面的远景目标等内容都描绘着我国在新时代面临的治税新格局。现代

---

① 负外部性，也称外部成本或外部不经济，是指行为影响了其他个体，使之支付了额外的成本费用，但后者又无法获得相应补偿的现象。

② 本书假设"纳税人""人民""公民"为可互换概念。由于税务机关代表国家行使征税权，本书论述到"国家"与"纳税人"关系时，均涵盖税务机关与纳税人的关系。

③ 《中共中央关于制定国民经济和社会发展第十四个五年规划和二〇三五年远景目标的建议》指出，要完善现代税收制度，优化税制结构，深化税收征管制度改革；建设依法行政的政府治理体系。健全重大政策事前评估和事后评价制度，畅通参与政策制定的渠道，提高决策科学化、民主化、法治化水平。在改善人民生活品质和提高社会建设水平上，完善再分配机制，加大税收、社保、转移支付等调节力度和精准性，合理调节过高收入。

社会，在税收问题上，无论何种政体，不论税基和税率的标准如何，增加财政收入，合理配置，提高政府的行政能力是共同的目标。在进入现代财政阶段之前，由于国家强制力的保障，税法一般被界定为征税的"权力之法"。随着社会形势的迁移、自主意识的觉醒和法治理念的深化，纳税人权利获得了与日俱增的关注度，税法亦应逐步转变为"权利之法"，这既符合法治要义，亦具理论依据。对于公民而言，用缴税来换取公共产品和服务，获得生存和发展所需的良好环境与社会秩序，合理安排个人与集体行动是最基本的需求。从实证法角度来看，权利是个体或团体能够运用政府手段切实加以保护的利益。天下没有免费的午餐。权利想要真正被法律赋予，就要在司法上可执行且被政府积极保护，这也依赖充足的资金支持。因此，缴税天经地义。从另一个角度看，征税是一个通过公共行为将私人财产转化为公共财产的过程，势必对公民财产权利产生影响，过度征税不仅影响纳税人的资产积累，甚至会影响其生存质量。合理征税是纳税人的基本诉求，税收制度是关乎政府绩效和公民福利的基本问题。同时，合理合法征税还有利于实现社会财富的再分配以及其向社会的再回归。

从世界发展的宏观角度来看，2010 年，中国 GDP（国内生产总值）已超当时世界第二大经济体——日本，如今的中国宏观税负也已经略高于发达国家平均水平。新一轮减税降费中，我国直接税的比重将持续增加，经济发展及税收规模也在逐渐接近美国。研究表明，中国 GDP 将在 2030 年实现对美国的超越。随着经济全球化的深入和公民权利意识的觉醒，税收制度的改革具备必然性。经济的快速发展，不仅仅是量的增加，而是具有根本性、深刻性的质的变化。在此过程中，纳税人义务本位隐含的学术缺陷也日益明显。我们不能说哪一天或哪一事件之后就应该将"纳税人权利与义务的一致性"确立为指导思想，但是中国特色社会主义法治体系正在形成，这作为我国法治建设史上的重要事件，可以指引研究者关注依法治税。

因此，在研究纳税人权利保护进路中，应以中国当前经济形势和税收制度为现实基础，广泛吸收借鉴国外相关立法经验和制度构建，立足中国场景发现和讨论我国问题，构建专门的纳税人权利保护法，赋予当代法律制度以应有的时代使命。

二、研究纳税人权利的意义与目标

经济基础决定上层建筑。从历史发展的角度观之，经济基础的变化会导致上层建筑的发展，它不仅推动发展，还会一定程度上朝着一定的方向推动发展。由于税捐的减轻和加重课征会影响纳税人的经济规划，除对其财产权有影响外，还可能影响工作权、平等权之实践，重视纳税人地位的转型和权利的保障，是法治、民主题中应有之义。在当代中国，对纳税人权利的有效保障，是税收活动内在机制的必然要求，具有十分重要的意义。

本论题的研究具有如下几点理论意义：

第一，有利于体现税收制度的整体融贯性。从征税目的来看，国家取得对人民征税的权力是为了保障人权、提供福利及公共服务，人民应当具有要求国家不得滥用征税权的权利。因此，人民是具有要求国家依实质、按正当法律程序征税的权利主体。在权利的分析理论中，权利和义务的内容具有一致性。税法研究的核心——税收权力（利）也符合以上规律，国家的征税权力与义务是宏观一致的，纳税人在履行纳税义务的同时也应享有相应的权利。

第二，通过法经济学的分析更利于揭示纳税人权利保护的深刻意义。税权研究涉及国家的根本权力，具有复杂性与特殊性，单纯从法学或经济学的角度展开研究，并不足以将问题分析清楚。法律制度是经济增长的内生变量，其变迁对经济运行产生重要影响。法律经济学作为一门新兴的交叉学科，可以分析该过程的运行原理。该学科坚持公平与效率相结合的法律价值观，通过结合具体规范，运用经济学原理和方法来研究法律制度的结构、内容、成本与收益。在税制改革中引入法律经济学的思维方式可以聚焦利益集团的博弈过程，在确认正义价值的同时，探究效率的兼顾。

第三，有利于法治国家建设并形成良性、和谐的征纳关系。税收活动的强制性、无偿性和固定性揭示了国家本位主义传统下财税法制度权义失衡的必然性。纳税人的法律地位与法定权利并没有得以明确，政府具有强大的行政权力，纳税人往往处于弱者地位。因此，只有在税收法律体系构建的过程中、税收征收制度的安排中、税款的使用过程中都突出纳税人的权利，才能平衡纳税人与国家的税收法律地位。而纳税人权利中核心的和根本的权利是财产权，通过强化对纳税人权利保障的力度，树立全社会的法治理念进而推动法治国家建设。

本论题的研究具有如下几点实践意义：

第一，可以降低国家行使征税权过程中对纳税人财产带来的不合理的负外部性。税收制度的建立极大提升了国家的财政汲取能力，在确立公共与私人边界后，深刻改变了国家与公民的关系。以纳税人权利制约国家的征税权，是构建良好的纳税人与国家的法律关系的关键。布坎南认为，离开财政和税收问题，对政府进行任何制度上的约束都是无力的，行政权力将无法受到控制。控制国家财政税收权，可以根本、有效防止国家滥用权力，而通过健全和完善税收行动发生前、过程中和完成后的纳税人权利保护相应制度，可以降低征税行为对纳税人财产权的不合理的影响。

第二，可以监督政府的行政行为，提高纳税人的税法遵从度，促进市场经济的发展。对税务机关的有效监督，有助于规范税务机关的执法行为，促进税收征管质量与效率的提升，确保税法公平正义与国家宏观政策目标的实现。加大对纳税人权利的保障力度，能够提升纳税人对法律的认同感，进而使纳税人敬畏并自觉遵从法律。纳税人的财产权利得到有效的保障是指，纳税人通过诚实劳动等合法途径所获得的利益，可以转化为自己拥有的、自由处分的且不受侵犯的财产。这一权利的实现将极大地激发纳税人创造社会财富的热忱，从而有助于促进全社会财富的快速积累，推动社会经济的健康、快速发展。

本书的总目标是针对纳税人权利保护的现实困境，提出纳税人权利保护新路径，以促进治税新格局下的新一轮税制改革，推进国家治理能力现代化的实现。针对这一目标分别从问题厘定、路径选择和制度构建三个方面进行研究。

其一，问题厘定。拟从税收本质出发，探究新一轮税改后的税收法律关系实然与应然状态。通过梳理我国纳税人权利保护相关法律法规，分析其理论根源和制度目标，运用法律经济学方法对纳税人权利保护面临的现实困境进行厘清与概括。

其二，路径选择。通过对纳税人权利保护模式的比较研究，呈现综合保护模式与集中保护模式的制度优势，借鉴国内外先进的法律实践经验，提出应对我国纳税人权利采取集中保护模式的观点。

其三，制度构建。本书拟阐明纳税人权利保护专门法的基本定位、法律原则、立法体例以及该法构建的纳税人权利体系的具体内容，并进一步指出增强纳税人权利保护专门法质效的制度依托。

三、国内外研究现状与述评

（一）关于纳税行为

税收是一门强调可行性的学问，因此想要研究纳税人权利的保护，就需要了解纳税行为的运行机理，掌握纳税人权利保护制度与纳税人采取的纳税行为之间的关系。国外学者较早对这些问题进行了探讨。阿林厄姆和桑德姆（Allingham and Sandmo，1972）基于社会心理学建立的 A-S 模型揭示了非经济因素对纳税人的重要影响，是纳税行为模型构造的开端。戈登（Gordon，1989）、科威尔（Cowell，1990）等学者研究了公平与社会比较对遵从行为的影响。斯派塞和伦斯泰兹（Spicer & Lundstedt，1976）、史密斯（Smith，1992）认为，不全额缴税的行为与税款支出满意度低有关系。弗雷（Frey，2002）等认为，自然人希望被尊重并获得社会认可，如果不诚实缴纳会对其声誉带来损害，那么自然人会获得道德压力，因此道德呼唤往往比法律制裁有效。达米和阿尔诺怀希（Dhami & al - Nowaihi，2007）的观点与大量实证研究结果一致，逃税行为会随着税率升高而增加，纳税遵从度会更低。托尔格勒（Torgler，2008）、卡明斯（Cummings，2009）通过分析研究认为，纳税遵从受到纳税人税收道德水平的影响，税收道德水平越高，纳税遵从程度越高。卡斯特罗（Castro，2014）的研究结果表明，纳税人对税制公平的认可度与纳税遵从度呈正相关关系。这一方面揭示了纳税人知情权的重要性，另一方面则要求惩罚的设置也需要考虑公平。因为风险回避者不会采取期望效用小于零的行动，政府也不能因控制风险而设置高额惩罚。

我国学者也进行了一定研究。杨杨和杜剑（2006）认为，我国现行税制的完善和优化可以提升纳税人的社会公平感，促进纳税遵从。梁俊娇（2006）提出健全的纳税服务体系和公平税负分配与纳税人的税收遵从度呈正相关关系。王玮（2008）认为，针对狭隘化的纳税人权利以及保护制度不足的现实问题，亟待通过宪法明确纳税人权利、贯彻落实税收法定、完善各项权利的保障机制，这些措施都有助于提升纳税遵从度。席晓娟（2010）提出应在宪法、税法、税收征管及税收文化方面均加强纳税人权利保护。丁晓曦（2012）认为，提高纳税积极性的重要途径是促使纳税人认识到权利和义务的对等性。张保国（2012）、马丁（2014）、石秀华和刘驰（2014）等认为，税收征管的规范性与效率影响了纳税遵从度。任小军（2013）及张仲芳、李春根、舒成（2015）等发现，纳税人认为税收制度越公平，纳税积极性越高。对于持续获得舆论关注的房产税，陈卫华、张睿（2014）提出，明确纳税人的权利义务关系，并加大对其知情权、救济权、监督权等权利的保护，可以有效促进纳税遵从。赵永辉、李林木（2014）借助模拟实验分析，建议在税收执法中将威慑机制和激励措施结合。苏月中、刘巧巧（2016）认为，增强纳税人的权利意识与遵守税法之间呈正向关系。李林（2017）则认为税收公平原则通常被认为是税制设计的首要原则。胡元聪、曲君宇（2021）认为，涉税信息权的保护可以促进纳税效率的实现。

综观国内外的研究成果可以看出，探索纳税行为的运行机理有助于梳理纳税人权利保护的理论逻辑，而纳税人权利的实质保护则对纳税遵从有一定影响。但是，我国学者主要讨论了税收征管效率对纳税行为的作用，较少探讨纳税人权利保护对纳税遵从的作用。另外，国内外以往的研究因局限于新古典经济学分析框架的税收理论，未考虑心理、制度等重要因素，而无法解释两个问题：（1）各国有大致相同的税收制度，但绩效可能有很大不同；（2）许多拥有较高税收遵从度的国家，采用的却是较低的惩罚度。因此，在现代国家税制研究中，需要从行为税收的角度研究制度与行为的关系，通过对实践中纳税人决策过程的剖析，重新思考纳税人权利保护制度对纳税行为的影响，以实现对税制确定和推行的有效指导。

（二）关于纳税人权利

国外关于纳税人权利的研究较为充分。"权利"的词源可溯源至拉丁语，与"正当、正义"的价值评判有密切关系。贸易差额论的倡导者——英国的托马斯·曼（1664）首次从理论上提出了"纳税人对国王的征税行为具有税收同意权"。该理论相比1215年英国的《自由大宪章》中贵族向国王争取到的征税同意权而言，强调了全体人民的意志。威廉·配第（1662）在税收的基本原则方面，提出了公平、缴纳方便和最少征收费用等基本原则，这两项原则体现了纳税人享有公平纳税的权利和享有纳税便利的权利，是在征税同意权基础上发展起来的，到今天依然是纳税人最基本的权利。

德国学者、新官房学派代表人物攸士第（1762）认为，征税时应不妨碍私人经济活动，他强调生活必需品与基本财产不可侵犯，否定了国库主义，维护了人民生活和财产自由。随着18世纪60年代开始的资本主义工业化，税收逐渐成为资本主义国家财政收入的主要来源，税制复杂性、重要性随之凸显。继亚当·斯密后，法国古典经济学派的西斯蒙第（1837）作出了一些突破，他主张：公民通过缴纳税款支付对价，从而获得享受，得不到任何享受的人就不应该被课税；纳税人维持生活所必需的收入不可以被征税。这是纳税人享有的基本生存权的又一体现。

德国社会政策学派的代表人物瓦格纳（1877）认为，应承认国家对经济活动的积极干预作用，谋求改变收入分配不公平现象的出路。他以该思想为指导，以税收作为重要政策工具，提出税收四大原则①，首次明确了纳税人平等享有公共品的权利，为纳税人享有公共品的请求权提供了滋生的土壤。

为缓解 20 世纪 30 年代后激化的多种社会矛盾，各国不断通过财政手段对经济进行干预。此时，凯恩斯（1936）在《就业、利息和货币通论》一书中阐述了其现代税收思想，纳税人享有的公平权利是其他纳税人权利的基础。随后出现在西方社会的三次税改浪潮都十分关注纳税人权利，并在第三次达到顶峰。布坎南、布伦南（1980）指出，应关注承担纳税负担的人或者说是政府财政抽取权利的潜在对象的人。

伯纳德·萨拉尼认为，伴随着美索不达米亚和古埃及文明的出现，税收制度接踵而至。但纳税人权利是近代才有的概念，它来源于税收法律关系的一种学说。有关税收法律关系性质的探讨在 20 世纪初形成了两种对立的学说：以德国行政法学家奥特·梅耶（Otto Mayer）为代表的"权力关系"学说，和以德国法学家阿尔伯特·亨泽尔（Albert Hensel）的主张为基础的"债务关系"学说。前者认为这是国民对国家课税权的服从关系，而后者认为这是国家对纳税人请求履行税收债务的关系。近五年，学界提出了新的观点，即"公共财产"说，认为税收是一种公共财产，因而财税制度应当从财产的角度规范和控制政府。对税收法律关系性质的不同判定直接影响了纳税人权利的产生和内容。日本的北野弘久（2001）认为，纳税人权利发展到现代，应该是一项关于各种自由权、社会权等的综合且全面的权利，它具有越来越广泛的内容。

---

① 即税收的财政政策原则、国民经济原则、社会经济原则和税务行政原则。

我国学者对纳税人权利也有一定的研究基础。

我国古代税收思想中也涉及了纳税人权利的概念。王曙光（1992）在《孔子税收思想述评》一文中提到孔子在税收原则上，反对滥征赋税，主张按负担能力课税。孙海琴（2015）在其《古代税收思想对当前财税体制改革的启示》一文中分析了管子税收公平和量能赋税的税收思想。

按照权利渊源分析，宪政来源说代表刘剑文（1999）指出，应在税收基本法中赋予纳税人民主立法权和民主监督权。金香爱（2004）坚持，以主权在民为宗旨的宪法，至少应对纳税人民主管理征税行为以及监督税款使用两方面的权利予以确认。丁一（2005）认为，纳税人权利是一个与国家征税权力相对应的宪法性权利，它绝不应该拘泥税收征管的狭窄层面，而应该作为一个涵涉民主、人权和法治等宪政价值的概念来认真对待。林双林（2019）认为，税款使用应接受百姓的监督。但除了协调纳税人与征税机关的关系外，民主的征纳制度还要均衡不同利益集团的关系；为遏制部分利益集团通过不健全的民主决策机制损害其他利益集团的利益，在宪法中设计博弈机理是具有必要性的。

法律行政并列论代表陈宝熙、林高星（2005）认为，宪政是纳税人权利的源起，法律界定是纳税人权利的进一步明确和保障，然而，纳税人权利不应仅仅指法律规定的权利。"纳税人权利可以由行政赋予"的观点涉及法律基本概念的理解。从广义的法律理解，行政法规或者行政规章同样也是法律的渊源或者表现形式。许多学者对纳税人原则性权利的理解，既把握住了税收的本质特点，又有利于具体税收实践中纳税人基本权利的认定。

对纳税人权利的认识因各国历史情况与现实情况而不同，我国学者关于纳税人权利的界定存在多种观点。邱慈孙（2000）认为，美国对征纳主体平等性、纳税人隐私权和机密权、纳税人的基本生活保障等方面十分重视，政府对纳税人的处罚逐步在减轻。甘功仁（2003）在《纳税人权利专论》一书中介绍了美国、日本、新西兰等国家纳税人所享有的具体权利。

葛克昌、陈清秀（2005）在专著中全面论述了我国台湾地区纳税人的程序基本权、税务代理与纳税人权利的关系。莫纪宏（2006）在《纳税人的权利》一书中论述了纳税人的实体性权利和程序性权利。许善达（2007）表示，纳税人有权拒绝履行没有法律依据的纳税义务。庞凤喜（2016）提出，从广义上看，纳税人权利是指纳税人依法在政治、经济、文化等方面享有的权益。从狭义上看，其指法律对纳税人赋予的权利。

敖汀（2010）依据 2001 年新修订的《中华人民共和国税收征收管理法》（以下简称《征管法》）总结了我国纳税人 10 项具体权利。有学者认为纳税人的基本权利研究仍需推进。在《我国纳税人权利保护的完善》一文中，黄秀萍（2004）认为，"目前亟待增加的基本权利规定包括税收筹划权在内的 6 项权利"①。黄秀萍要求加强程序方面的基本权利，是法律实践中不断重视程序的思想在纳税人基本权利上的体现。它所包含的合理对待权和申请停止重复检查权既涉及人身权利，又涉及财产权利。

2009 年《公告》的发布让纳税人权利再次成为财税研究的重点领域。王正明（2010）认为，应全面梳理法律，明晰纳税人应有权利。具体权利的探讨在我国也层出不穷。杨宇婧（2020）认为，诚实推定权不仅是纳税人的基本权利，也是税收领域保障人权理论的体现。刘珊（2021）认为，税收执法说理制度是约束税收行政裁量权、切实保护纳税人权利的有力举措。

本书认为，纳税人权利是指纳税人在履行纳税义务全过程中，以《中华人民共和国宪法》（以下简称《宪法》）为基础，在税制设计、税款征收和管理活动以及税款使用过程中所享有的作为或者不作为以及要求他人作为或者不作为的资格。随着理论界对纳税人权利的深入研究，权利内容不断被完善、具体和细化。笔者认为，一项权利的确立需要对其上位的、源头性的、原则性的权利进行剖析，并且，各项权利之间也是相互联结与

---

① 这 6 项权利包括：在纳税检查时获得合理对待的权利；申请停止重复检查权；税收筹划权；确知权；录音权；免除因听取税务人员的错误建议而违反规定的责任。

制约的。纳税人权利需要放在整个法治大环境中进行讨论，在充分研究其基本理念、理论来源和法理价值后，才能全面地、动态地分析纳税人权利。然而，从我国目前对纳税人权利的研究视角来看，法律推演和价值判断较多，经济学探讨与实证分析较少。此外，我们也不能孤立地研究权利的内容，还要将权利实现的方式、限制条件和在限制条件下寻求权利保护效益最大化等方面结合起来，一并探讨。法律经济学研究方法的引入，一定程度上可以推动这方面的研究。

（三）关于纳税人权利保护

国外纳税人权利理论的形成并非一蹴而就，它经历了漫长的成长过程，发达国家的纳税人权利理论为纳税人权利保护制度的构建提供了坚实的理论基础。

首先，征税同意权是西方纳税人权利法治化的起点，并由此发展出纳税人的基本生存权、税收便利权和公平权等。纳税人权利的法律地位是在与政府征纳行为不断博弈中确立的。其次，西方纳税人权利理论与纳税人权利保护法治化关系紧密。学者所追求的保护纳税人权利的基本原则在现实法律中得到体现。虽然前人只进行了静态法律研究，但已经为后人动态保护纳税人权利打下基础。洛克（1689）在其《政府论》中指出，构建人民权利体系可以有效遏制政府公权力扩张。亚当·斯密（1776）在《国富论》中认为，纳税的经济原则考虑到了征税行政成本的约束问题，为我们利用法律经济学的基本原理分析纳税人权利保护问题提供了研究思路。

美国、德国、日本等国家法律体系中的税法制度，就是围绕着纳税人权利保护而展开的，许多现代国家都颁布了专门的纳税人权利保护法。法国、英国、澳大利亚、意大利分别于1975年、1986年、1997年和2000年以宪章的方式颁布了纳税人权利保护专门法；加拿大于1985年通过了《纳税人权利宣言》；1988年，美国颁布了《纳税人权利法案》。1990年，经济合作与发展组织（OECD）发布了建议成员国引入纳税人宪章的报告，对其他国家和地区颁布专门的纳税人权利保护法起到了推动作用。德国、俄罗斯、西班牙等国家顺应税收法典化趋势，在法典中规定了纳税人权利保护的内容。纳税人权利被很多国家写进了宪法，如法国、英国和美国等。在美国、新西兰、瑞士、葡萄牙、日本等国家，纳税人还有权知道税款是如何开支的。这为纳税人权利的保护和实现提供了有力的法律保障。

在德国，著名的税法学家海扎尔（1924）的税法理论的一个核心概念就是以法律上的债权和债务关系比喻国家和纳税人的关系。而德国公法上债权债务的税法理论还为纳税担保引入私法路径提供了理论依据①。美国登哈特夫妇（2002）提出新公共服务理论，阐明了政府定位和实施公共管理的目的及服务对象的概念，为完善纳税服务和纳税人权利保护提供了重要思路。金子宏（2001）在《日本税法》中从现代国家公共服务资金来源出发定义税收，提出税法应约束国家税权、保护纳税人权利。史蒂芬·霍尔姆斯、凯斯桑斯坦（2004）在《权利的成本：为什么自由依赖于税》中表示，所有权利都是积极权利，在征税的前提下，政府应该保护公民的权利。

我国台湾地区税收理论受大陆法系影响较深，研究较早且已经有一定成果，产生了不少司法判例，进而不乏实务研究。陈清秀（1997）在《税法总论》中重点从税捐行政救济和行政诉讼方面论述了税捐权利保护的相关内容。黄俊杰（2004，2006）全面地论述了税捐的基本权利和纳税人权利之保护的理论。葛克昌（2005）运用案例分析法，以法理分析简短文字，以使纳税人能依照法律独立判断，用以维护纳税人基本权。我国台湾地区所谓"纳税者权利保护法"历经"专法"到"专章"，再到"专法"之跌宕，终在2016年12月9日被审议通过。

我国学者通过SATI3.2、SPSS和UCINET6等软件对《税务研究》653篇税法论文的关键词进行计量分析，发现1993年之前几乎很少有纳税人

---

① 德国将信用机构或保险公司引入纳税担保中，向企业纳税人提供纳税担保，为保障企业平稳生产经营创造了良好的法治环境。此外，德国《租税通则》中对纳税担保人的规定引用了民法中的相关规定，即同时满足以下两个条件：提供担保的人具有所担保债务的赔偿能力，且在本法适用范围内的一般法院管辖；在提供担保期间，放弃先诉抗辩权且担保人与被担保人无经济上的相互牵连。

权利保护相关的研究，自 1993 年开始，以"纳税人权利"作为关键词的论文不断涌现。在 2003 年之后，以税收立法为核心，涉及"税收法律""纳税人权利""依法治税"等词的主题结构，成为最重要的研究领域之一，直至 2018 年 4 月的研究截止时间，"纳税人权利"在 15 年内均成为高频关键词第 3 位（见表 0-1）。

表 0-1 1985—2018 年《税务研究》关键词排序

时间段	样本数量	关键词位次			备注
		第 1 位	第 2 位	第 3 位	
1985—1993 年	26	以法治税、税务行政诉讼、税务监察、税务强制执行、税务行政行为以及税收法律责任等			不分排序
1994—2003 年	152	征管法	税制改革	税收法律、税收立法	纳税人权利排名第 7
2004—2013 年	315	征管法	税收立法	纳税人权利	
2014—2018 年	160	税务机关	环境保护税	税收征管（法）、税收法定、纳税人权利	

每年发布的《中国税务年鉴》中均有"权益保护"专题。为切实保障纳税人合法权益，2013 年国家税务总局印发《国家税务总局关于加强纳税人权益保护工作的若干意见》，进一步明确了税务机关加强纳税人权益保护工作的基本要求和制度规范，细化了办税公开、依法行政、征纳沟通、风险防范、减负提效、信息保密、争议调解、权益组织建设、中介管理等九个方面的工作要求，为各级税务机关保护纳税人权益提供指引。国家税务总局发布的 2015 年《中国税务年鉴》中，将"权益保护"专题的表述修改为"纳税人权益保护"，总结上一年度纳税人权益保护方面的成绩和指标完成情况。2018 年，国家税务总局与安永会计师事务所合作翻译荷兰国际财税文献局（IBFD）发布的《纳税人权益保护报告》，并深入分析我国纳税人权益保护方面的短板。

刘剑文、刘隆亨、张守文等税法学者对纳税人权利及其保障开展了较多研究，形成了数量颇丰的相关文献与著作。刘剑文和熊伟（2004）所著的《税法基础理论》指明了纳税人权利在税法基础理论研究中的重要地位，并详细地对纳税人权利保护制度进行了阐述。张守文的文章和2000年出版的《财富分割利器——税法的困境与挑战》、杨小强（2002）的《税法总论》、许善达（2003）的《中国税权研究》、黎江虹（2010）的《中国纳税人权利研究》、朱孔武（2017）的《征税权、纳税人权利与代议政治》等专著，对完善纳税人权利保护制度均有一定的论述。刘庆国（2009）在《纳税人权利保护理论与实务》一书中建构了纳税人权利体系，并将其分为基本权利、程序权利和实体权利。

施正文（2006）认为，建设我国纳税人权利保障工程，需要首先在宪法中确立纳税人基本权利的地位，在民主原则、法治原则与保障人权理论的引领下，赋予纳税人限制征税权、监督政府行为的资格和职能。王建平（2007）尝试对纳税人的权利体系进行了构建。王正明、王冰（2010）提出纳税人权利需要在国家、税务机关、纳税人三方共同树立权利本位观念的基础上，采取措施帮助纳税人提高权利认知水平，通过纳税人组织联盟的集体主张实现对策思考。曹阳、黎远松（2021）认为，以纳税人为中心，以纳税人权利需求为导向，构建完善的纳税人权利保护机制是税收法治化建设的应有之义。在具体权利入法方面，李悦和陈秋竹（2020）、苟学珍（2020）、朱大旗（2021）等均论证了纳税人信息保护方面的权利，侯卓和吴东蔚（2021）、杨宇婧（2020）等论证了纳税人的诚实推定权，刘楠楠（2020）等提出纳税人权利救济的改革思路。李晓安（2021）认为，税者应有其权，建议制定专门纳税人权利保护法。该法应基于财税法体系的价值转变、利益认同以及制度体系接纳，遵循税收法定、税收平等、税收公平的指导思想，涵盖纳税人的税前权利、税中权利和税后权利，以立法目的、立法原则、基本权利、基本义务、纳税人权利保护机构作为基本的立法构造。这是学者首次以高度概括的方式提炼出纳税人权利保护法的全部内容。

我国经历了很长一段时间的高度集权封建社会，"权力本位""君权至上"的理念根深蒂固，纳税人处于弱势地位，更不用说保护其权利。新中国成立后的计划经济时期，在经济体制的限制下，依然强调国家主义。虽然公民权利意识逐步觉醒，但历史经验和传统文化仍然潜移默化地影响着纳税人权利保护的相关制度。因此，我国纳税人权利保护研究起步较晚，只有十几年的时间。随着市场经济的发展及公民权利意识的进一步增强，近几年关于纳税人权利保护的研究迈向繁荣。尤其是 2009 年发布《公告》之后，在中国知网上搜索"纳税人权利保护"题名，可以在中国博士论文数据库搜索到 4 条结果，在中国硕士论文库搜索到 75 条结果。根据何锦前、司晓丽（2019）的研究，2014 年至 2018 年仅四年内《税务研究》刊发的"纳税人权利"相关文章有 7 篇，在高频关键词排名中居于第 3 位。就纳税人权利及其保障的研究而言，我国学者的研究多聚焦具体权利内容如何确定及税收立法如何做出调整；在广泛引入西方税收制度的同时，过分注重"如何做"，却忽视了对"为何做"这一前提的思考；多角度、多方法的全面性分析尚显薄弱，对纳税人权利内容的界定、分类缺乏科学性、体系性的研究，没有构建完整的、成熟的、建设性的纳税人权利体系及保障其权利实现的制度；在税收制度的研究中，缺乏从纳税人权利保护角度出发，渗透纳税人中心主义理念的思考。

四、研究思路、方法与创新

（一）研究思路

本书的研究对象是纳税人权利保护专门立法。遵循以下思路：

第一，理论研究。本书论述了选题的理论和实践意义，在梳理国内外对于纳税行为、纳税人权利、纳税人权利保护三个方面的研究成果后，进行分析评述，得出纳税人权利保护制度的完善应走出国家利益至上的思维定式，以权义平衡为价值指引，致力于税收正义的实现、消除负外部性和限制税收权力的观点。通过阐明税收国家理论、社会契约理论、公共财政理论、公法之债理论和治理理论为纳税人权利保护提供的逻辑起点、政治学依据、经济学依据、法学依据和管理学依据，提出权义平衡理论下纳税人权利保护的合理效益预期。

第二，路径选择。针对纳税人权利保护面临的现实困境，在比较我国税收制度改革的阶段性目标异同，厘清纳税人权利保护制度的供需情况后，分析失衡原因，指明征纳过程中纳税人权利保护制度和权利救济制度的缺陷。运用成本-效益方法，对单一保护与综合保护模式、分散保护与集中保护模式进行纳税人权利保护路径的比较分析，借鉴国内外相关制度经验提出颁布纳税人权利保护专门法的设想。

第三，制度设计。探讨纳税人权利保护法的具体构建方法，纳税人权利体系内容与具体呈现，以及保障纳税人权利保护专门法实施的有效举措。对纳税人权利保护法的根本原则、基本定位和立法体例提出建议，完成了"税前权利""税中权利""税后权利"的纳税人权利体系的构建；提出了以纳税人满意度作为专门法效用的内在评价指标，以经济社会发展作为专门法效用的外在评价指标，以及具体保障"纳税人权利保护法"的举措。

图0-1展示了本书的技术路线。

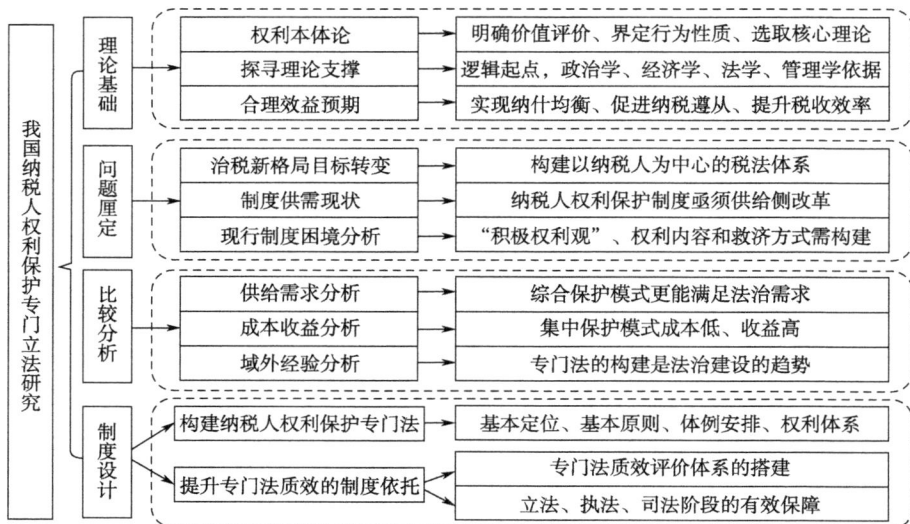

理论基础	权利本体论	→	明确价值评价、界定行为性质、选取核心理论
	探寻理论支撑	→	逻辑起点，政治学、经济学、法学、管理学依据
	合理效益预期	→	实现纳什均衡、促进纳税遵从、提升税收效率
问题厘定	治税新格局目标转变	→	构建以纳税人为中心的税法体系
	制度供需现状	→	纳税人权利保护制度亟须供给侧改革
	现行制度困境分析	→	"积极权利观"、权利内容和救济方式需构建
比较分析	供给需求分析	→	综合保护模式更能满足法治需求
	成本收益分析	→	集中保护模式成本低、收益高
	域外经验分析	→	专门法的构建是法治建设的趋势
制度设计	构建纳税人权利保护专门法	→	基本定位、基本原则、体例安排、权利体系
	提升专门法质效的制度依托	→	专门法质效评价体系的搭建
			立法、执法、司法阶段的有效保障

（左侧纵向：我国纳税人权利保护专门立法研究）

图0-1　本书技术路线

（二）研究方法

按照上述研究思路，本书主要采用以下研究方法：

1. 历史分析方法。税收问题虽然是现实问题，但只有从历史发展的角度看待时代要求和现状，才能以史为鉴，形成动态的、进步的研究结果。本书通过对国内外历来采取的税收制度、税改路径和依据、纳税人与国家间的关系、纳税人权利内容及分类、国家法治要求等进行梳理分析，形成相应观点。

2. 比较分析方法。将国内外先进做法和经验进行比较分析，才能去伪存真，汲优补劣。西方国家在纳税人权利保护方面已经形成了一定的理论基础和技术手段，这种早于我国多年的实践做法可以确立纳税人的地位，维护纳税人的合法权益，从而提升纳税遵从度，有助于法治理念的实现。同时，比较分析方法在总结国内外相关研究和制度的基础上，还可以发掘政治、文化、经济等方面的差异，有助于寻求个性化特征，形成适合我国国情的路径遵循。

3. 成本-效益分析方法。在政府部门计划决策的过程中分析成本费用，寻求在投资决策上以最小的成本获得最大的收益的方法，有助于以最低成本实现最大利益。因此，成本-效益分析常用于评估需要量化社会效益的公共事业行为的价值。本书以公平正义作为核心宗旨，兼顾经济学的效率目标。良好的税制可以有效提升征税效率，提高纳税遵从度，减轻纳税人负担，实现纳税人的权利。

4. 实证分析方法。笔者设计了问卷，对纳税人的学历情况、地域分布、行业类型等基本情况进行了解。着重于通过问卷结果，调查纳税人对权利义务了解的程度、最在意的权利内容、学习意愿、促进税收遵从的方式以及纳税人受保护现状的满意程度等，运用 SPSS 显著性分析方法，实现以需求和问题为导向，辨别制度优劣，促进制度改良。

5. 博弈分析方法。博弈论作为重要的经济分析工具，被广泛运用于各种经济活动中，其基本原理是参与经济活动的主体基于自身利益的最大化进行战略选择。在战略选择和行动中，参与者都可以在互动过程中逐渐形成一个各主体相对稳定的均衡。财税法中存在着权利、权力和利益的博弈。征纳关系涉及税收法律关系中最核心的一对相互博弈的权利（力）。本书通过博弈分析方法对征纳关系中众多利益方的博弈情况进行分析，从而防止因国家的税收权力过大、纳税人义务过重而引发社会矛盾。

（三）研究创新点

1. 方法创新。笔者认为，将权利保护问题孤立地视为法学问题的观点是片面的，尤其是纳税人的权利与纳税人的财产密切相关，更需要运用法律经济学方法去深刻认识。因此，本书除了使用历史分析、比较分析、文献研究等传统方法对纳税人行为、纳税人权利和纳税人权利保护进行探讨以外，还运用实证分析、成本–效益和博弈分析的方法。首先，通过对纳税人进行问卷调查并运用 SPSS 进行关联性分析，了解其对纳税人权利相关内容的认知情况和效果预期，不但归纳出纳税人对于个人权利保护方面的实际需求，还对纳税遵从规律进行了一定了解，有助于从实证角度为制度供给做出指引。其次，在保护纳税人权利模式的选择上，除了理论研究与供需分析，还运用了成本–效益分析方法，使纳税人权利保护制度以"付出最小成本，获得最大收益"的方式被设立，帮助国家做出最优决策。最后，由于制度的颁布和实行往往是利益集团博弈的结果，因此无论是实然状态的现实困境还是应然状态的分配模式，都需要借助博弈分析方法，从而促进权力（利）的均衡配置，实现资源的有效利用。

2. 理论创新。首先，本书通过阐明税收国家理论、社会契约理论、公共财政理论、公法之债理论、国家治理理论的核心理念和价值追寻，为纳税人权利保护提供了多学科的、动态的、坚实的理论依据。其次，在梳理归纳我国纳税人权利面临的保护需求与现实困境后，笔者发现，这些问题往往来源于现行法律体系的不完善——我国不仅在宪法中没有纳税人权利的专门规定，在整个税法体系中也没有专门保护纳税人权利的法律，最重要的是，即使有一些纳税人权利保护制度散见于各类法律文件及政策性文件中，也较少涉及对纳税行为发生前和完成后这两个阶段的纳税人权利。因此，本书突破性地提出了构建"纳税人权利保护法"的观点，并阐述了完整的纳税人权利体系，通过案例分析、理论分析等方法细致描绘了各项权利的内容和设立依据，尤其着重关注了纳税行为发生前和完成后这两个阶段的纳税人权利，这使得纳税人权利获得了全过程、全流程、全方面的保护。最后，本书构建了"纳税人权利保护法"质效的评价体系，将纳税人满意度和经济社会发展水平分别确定为该法内在和外在评价指标，并分别从立法、执法、司法三个方面系统探寻了提升"纳税人权利保护法"质效的有效举措以及路径选择。

第一部分

理论基础

　　有效保障纳税人权利是税收活动内在机制的必然要求，应该走出国家利益至上的思维定式，实现税收正义，消除税收活动的负外部性，并在一定程度上限制税收权力。比较义务中心论与权义平衡论后，综观税收国家理论、社会契约理论、公共财政理论、公法之债理论和治理理论，纳税人权利保护制度确存正当性，且应在权义平衡理论下满足纳税人权利保护的合理效益预期。

第一章

纳税人权利本体论

税收具有强制性、固定性和无偿性的特征，直接表现在政府凭借政治权力对纳税人的利益进行攫取。从表面来看，税收造成了纳税人单方面的利益损失。因此，分析税收行为的性质，将有利于为纳税人权利保护提供新的思路。本章将从税收的实质出发探讨纳税人权利保护的价值取向，厘清税收法律关系，并对核心理论做出比较选择。

一、价值评价的明确：税收之"善"与"恶"

经济学和伦理学本同源，二者的分化使税收在伦理学领域逐渐消失。但是，这无法改变税收是一种重要道德存在的事实，正因如此，税收本身的价值评价在一定程度上影响了纳税人权利保护的理论基础。布坎南认为，在建设正义的现代社会，迫切需要我们回归"对税收秩序的伦理学研究"。在我国，无论是民间还是学界，关于税收德性的认识，经常会不自觉陷入一种"税收幻觉"之中，即认为税收是善的。与之不同，西方民众和学者对税收德性的界定却是：即便税收不是一种纯粹之恶，最多也只能是一种必要之恶。二者争论的焦点不是"税本恶"还是"税本善"，而是"纯粹之恶"与"必要之恶"之争及税收正义能否实现的问题。

"纯粹之恶"论的代表人物是当代奥地利经济学家穆雷·罗斯巴德。他从税收的起源和过程论证了学界所谓的"罗斯巴德的不可能命题"。他认为，政府需要为自己的收入与开支做预算、强行征税、发行货币，从人类行为学来看，这三种行为与罪犯的抢劫、收保护费和制造假币在性质和后果上没有太大区别，都是以强制性牺牲他人利益为代价令一部分人受益。弗兰克·克多洛夫追溯税收起源的非正义性时提到，研究税收历史的过程中，不难发现，税收伴随了政府的经济目的。其间，虽然有"自愿交换理论"的出现，但是纳税人对自愿交易的额度、公共物品的定价都没有决定权。进而，由于税收本身是不公正的，从税收过程看，我们显然无法将一种"罪恶之税"修正为"正义之税"，因而税收正义是根本不可能的。因为税收活动无法消除对经济福利、分配正义和财产正义的危害。

显而易见，如果"罗斯巴德的不可能命题"成立，那么它的极端结果就是废除税收。虽然笔者不赞同以上观点，但是这个命题带来了重要反思意义：税收正义如何实现？税收负外部性如何消除？税收权力如何限制？

笔者较为赞同布坎南对"罗斯巴德的不可能命题"进行的回应，并认为国家可以通过制度设计校正税收之恶，实现公平与正义。一方面，传统税收理论中，税收效率是内部评价尺度，税收公平是外部评价尺度，这二者的目标、哲学基础、价值准则都是不同的。但实际上，效率与公平并非完全对立、无法协调，因此"罗斯巴德的不可能命题"的出发点是有缺陷的。另一方面，"一致同意"标准可以运用于财税问题的研究，从而促进税收正义的实现。纳税人适用"无知之幕"理论，才能得到无社会差异的对待，正义才会出现；该群体具有"稳定性偏好"，希望可以获得可预期利益与持久公平的对待；且他们基于契约精神而获得的"商谈"地位，将有助于个人利益的实现——这些都增加了达成一致意见的可能性。

将公共选择理论与罗尔斯正义理论结合，可以证明税收正义的可能性，破解"罗斯巴德的不可能命题"。然而，"破题"带来了新的"问题"——无限税收。从我国现实情况而言，欲讨论纳税人权利保护问题，就要探寻税收正义的构建。无论税收的价值取向如何，都需要对国家权力进行限制，确定界限，保护纳税人的知情权利及被公平对待的权利，同时保留其在"商谈"中也就是立法环节中的重要地位。

二、行为性质的界定："对价说"与"限制说"

行为是受人们心理和生理支配而表现出的反应和动作。"社会心理学之父"库尔特·勒温提出的行为模型对纳税行为也是适用的。假定 B 为纳税行为，P 为个人内在特征，纳税环境 E_t 包括文化、经济、政治、法律、社会等五方面，纳税行为机理可以描述如下：

$$E \rightarrow E_t \rightarrow E_t/P \rightarrow B$$

该式表示的是总体环境 E 会影响纳税环境 E_t，纳税环境影响纳税人的纳税环境知觉（tax environmental perception）E_t/P，纳税环境知觉将影响纳税人的行为 B。

很多学者认为，税收行为产生的"税收收益"应表述为纳税主体向征税主体让渡的权利。对让渡权利这一行为性质的解读，影响着纳税人权利保护的理论基础。

"对价说"是从征税主体利益的角度进行解读。税收的理论支撑依社会形态的变化而易。从封建社会的"君王至上"到"个人财产权利的觉醒"再到现代的"债权债务理论""公共财产说"，当今税收被广泛界定为建立在契约理论上的、个人享受公共服务与公共物品所支付的对价。德国财政学家约瑟夫·熊彼特认为，税收的本质在于作为征税者的国家与作为纳税者的国民之间具有"共同的对价性"。葛克昌认为国民之纳税义务本质上是其营业自由与职业自由之对价。虽然公共产品所具有的共同消费性决定了人们在纳税上存在着"搭便车"的坐享其成倾向以及囚徒困境的背叛行为等情况，但是"对价说"清晰解释了纳税的理由，肯定了纳税的正当性与合理性。

"限制说"是从纳税主体利益的角度出发进行解读。税收将宪法赋予人民的财产权进行了限制，并且，国家在特定阶段依照经济发展的需要，利用税收杠杆调整和控制经济，以达到限制或鼓励国民经济中某些产业、行业发展的目的。因此，针对"对价说"，有学者回应，从宏观来看，公民缴纳税款，国家提供公共产品和服务，在总量上是对等的，在总价上是一致的；但从微观来看，纳税是个人行为，不能因为缴税不一，就获得不同的待遇，更不能依照税款多少索取对等回报，这就导致税收不能直接等同于市场价格。

本书认为，我国自改革开放以来，开始了由"少税国家"逐步向"税收国家"转型。税收的"对价性"和"公共性"的理念逐步形成，征税过程的"服务性"和税款使用的"民生性"逐步得到体现。在此过程中，纳税人应该可以在依法履行纳税义务后，获得和享受社会福利、公共产品，督促国家履行职能，满足公民生存和发展的需要。与此同时，还应对国家权力进行合理限制，遏止其通过不健全的制度损害公共利益，以权谋私。这打破了税法为"管理之法""权力之法"的传统，走出了国家利益至上的思维定式，为纳税人权利保护提供了更高层面的理论支撑。

三、核心理论的选择：义务中心论与权义平衡论

义务本位向权利本位的演进，关键点在于以权利为中心构建法律体系，这符合现代法律发展和法治社会发展的规律。因此，税收理论的义务中心论发展为权义平衡论是社会发展的使然与现实的选择。

第一，从逻辑起点分析。作为法律的整体，即使是刑法典这种全部由义务条款组成的法典，其逻辑起点是对于生命权、健康权、财产权等权利的保护。在现代社会，人的全面发展是以权利保障为中心的，对于现代税收制度及其理论的构建，国家使命、税收的最终目的应该是以人为根本。因此，义务中心论无法实现权利义务的一致性，更无法将确认和保障平等的权利作为宗旨。

第二，从价值取向来分析。虽然价值不具备实在性，但具备意义性，且是人类文明不可或缺的。传统税法建立在"征税之法"的理念之上，充满了工具主义色彩，税法中关于权利的规定，是出于更好地履行纳税义务，实现国家收入增长的目的。现代税法倡导平等、公平、正义与法治，这些理念具有同时性、动态性与层次性。因此，权义平衡论之下，权利本身与自由平等相联系，而义务在最终意义上也是为实现自由、平等服务的，二者相辅相成，共同实现法律的价值。

第三，从历史演化来分析。法律并非一成不变，它是不断进步并彰显时代性的。权利本位还是义务本位为中心取决于彼时的社会形态所决定的政治、经济特点。从奴隶社会、封建社会到资本主义社会、社会主义社会，是从人治到法治的过程，是从自然经济、集权政治到商品经济、民主政治的过程。在历史演化的过程中，人类的发展史就是权利的发展史。耶

林曾说："个人权利就是法律本身!"因此,从税制构建依据来看,权义平衡理论是具备历史的必然性的。

第四,从地位转型来分析。在计划经济体制下,税收的地位不凸显,纳税人角色功能并没有十分重要,实行"纳税人义务中心主义"有助于计划经济体制的推行。在社会主义市场经济体制下,纳税人成为独立的经济主体,国家通过"看得见的手"引导市场主体的经济行为。根据2021年1月国家税务总局发布的数据,2020年度税务部门组织税收占财政收入的比重为75.5%。以多种经济性质出现的纳税人是社会财富的创造者和公共财政收入的来源,纳税人的地位不言而喻。因此,义务中心论已经是过时的、不符合现实要求的,税收活动发生前、进行中和完成后的每一个环节都应对纳税人权利给予有效的保障。

第二章

核心理论的选择

税权研究涉及国家的根本权力，具有复杂性与特殊性，这关乎到纳税人的切身利益，更是政治学、法学、经济学、社会学、管理学等众多学科共同关注的重要问题。本书将从税收国家理论、社会契约理论、公共财政理论、公法之债理论和国家治理理论分别探寻纳税人权利保护的逻辑起点、政治学依据、经济学依据、法学依据和管理学依据，进而为核心理论的选择提供理论支撑。

一、税收国家理论——逻辑起点

赋税是喂养政府的娘奶。德国学者福斯多夫认为，现代法治国家成为社会国家，主要以税收国家的形态表现其功能。我国有学者认为，现代国家由于其财政收入几乎全部依存于税收，因此亦是税收国家。税收国家充分尊重了纳税人的地位与其对国家运行的贡献，承认国家对纳税人的依赖性，因此，该理论可以成为纳税人权利保护的逻辑起点。

第一，该理论承认税收国家对纳税人的贡献具有高度依赖性。在税收国家，国家自身没有资产和收益，它的主要财政收入就是税收，即"借由征税分享私人之经济收益以为国用"。所以，税收国家运转和发展的经济来源主要是税收，纳税人的地位获得了充分的尊重。

第二，该理论确定纳税人权利的保护为税收国家应有之义。税收国家支持个人经济自由，但由于国家的财政需求，不得不对纳税人财产自由权、营业自由权、执业自由权的行使进行干预甚至是侵犯。因此，国家对税收的获取和税款的使用都需要征得纳税人的同意；纳税人可以拒绝做出法律规定以外的纳税行为，这为税收法定主义奠定了基础。

税收国家的理论来源于西方社会，不完全符合我国国情，甚至与中国特色社会主义制度的经济学理论存在着冲突。但是，随着经济全球化的程度不断加深，通过我国经济体制改革过程中的实际经验，我们逐渐发现，由于税收是国家发展的强大推动力量，作为汲取资源的工具，不但重塑了社会的文化价值，还支撑了一个庞大公共服务机构的运转，该机构也成为独特有力的社会力量。随着我国财政体制的完善及全国公共财政收入中税收收入比重的增长，我国正逐步从"税收国家""规费国家"和"资产收益国家"（含"自产国家"和"租金国家"）的复合形态逐步转型为"税收国家"，因此，税收国家理论可以为中国财税体系的发展提供一定的理论支撑，甚至与我国的实践呈现出了一定的相容性。

二、社会契约理论——政治学依据

社会契约论是关于国家起源的学说。霍布斯、洛克、卢梭等均是其代表人物。霍布斯在《利维坦》中指出，无政府状态下，人的理性会促使大家希望把力量托付给代表多数意志的主体，从而可以抵御侵略、停止侵害、保证和平，这就是一群人相互订立的信约。洛克认为，在自然状态下的理想社会，人类享有生命、自由、财产等自然权利，但是缺少法律和裁判，为了保障权利的实现，人们一致同意订立契约，并将惩罚他人、公正裁判、执行决定等权利交由国家代理。卢梭认为，社会契约论致力于使每一个为了利益让渡自由并且相互联结的个体，在共同保卫每个人的权利的同时，服从其本人且依然自由。因此，没有政治成员的同意，国家不能处理他们的财产，否则就违反了社会契约，即国家主权基于人民公众意愿，且永远属于人民。所以，社会契约论的主张者在 17—18 世纪提出了人民主权理论。霍布斯的绝对王权理论①、洛克的"人民始终保有最高权力"论断、卢梭的"主权者就是国家的一个成员"观点都对社会契约论的发展产生了巨大影响。

笔者认为，在我国政府合法权力的形成过程中，人民是为了保障自己的天赋权利才成立了政府这个"中间体"，人民与其缔结契约，以明确双方的权利义务。耶林曾经说过，权利的理念不过是运用于政治世界的美

---

① 霍布斯认为主权者的权力是人民同意授予的，但他同时又认为，主权者一旦获得授权，其权力就是绝对的、至高无上的、不可转让的。人民只有绝对服从的义务。

德……人们用权利的理念界定了特许和专制的美德。虽然纳税人与人民并不是完全相同的概念，但基于社会契约论和"主权在民"的理论，纳税人让渡给国家的部分财产权利就是税收，税权作为国家权力的重要一项是由纳税人授予的，社会契约使税收行为具备合法性，国家成为纳税人一致同意的政治结合体。那么纳税人就应该享有一个主权者应该享有的政治权利、人身权利、民主权利、财产权利等。纳税过程也是权利让渡的过程，在这一过程中，纳税人享有以法律形式确保程序正义的权利、依法作出或不作出一定行为的权利，以及要求国家、征税机关作出或抑制某种行为的权利。

三、公共财政理论——经济学依据

经济基础决定上层建筑。经济制度不仅影响权利的内容，其变更和发展更作用于权利的变化。马克思认为，权利不能超越社会经济结构及其制约的社会文化发展。所以，国家财政模式不仅是经济学问题，其涉及的领域是十分广泛的。财政收入往往是国家机器最重要的经济来源，伴随着计划经济向市场经济的全面转型，以"国家分配论"为主要思想的财政理论弊端频现，这催化了对公共财政理论的深入研究。

萨缪尔森是公共财政理论的先驱，他论证了公共物品的不可分割性、非竞争性、非排他性和消费的外部性。经济的市场化必然带来财政的公共化，即为满足公共需求，国家提供公共产品，同时接受公共监督。公共需求与私人需求有本质区别，它以私人需求集合的形式出现，但独立于私人需求。司法等社会需求以及教育等价值需求的满足，往往超过市场可以提供的程度而由国家提供，这就构成了公共需求。市场在资源配置中发挥了基础性的作用，满足个人需要，但是市场机制不是万能的，一定会出现"搭便车"、不公平分配等市场失灵现象，这就需要国家行使公共财政的职能，弥补市场失灵、满足公共需求。

公共财政理论主张，政府财政收入的筹集规模和支出要与公共产品的质量和数量一致，国民有拒绝其将收入用于其他用途的权利。公共产品与服务具有普遍性、平等性，国民在贡献财政收入的时候，也就是纳税时，适用同样的税种规则、税率标准等。国家即使有巨大的财政收入，也不可以使公共财政具备盈利性，"与民争利"。最重要的是，公共财政活动应该由国民决定，税制、预算等相关法律法规的制定相当于协议的订立，纳税人需要通过民主程序进行全程监督。

国家征税的目的是按照纳税人的要求提供公共物品。首先，公共财政理论为纳税人提供了决策税制内容的权利依据，并且，税制选择的关键不在于其内容的合理性，而在于过程是否可以全面反映纳税人的偏好。奥尔森在《权力与繁荣》一书中认为，专制统治者采取的税率一般高于维护社会特定公共水平所需的最佳税率。这更凸显了纳税人参与税收立法的民主性。其次，公共财政理论为纳税人的监督权提供了依据。正如孟德斯鸠所说，任何掌权者都倾向滥用权力，直到受到严格限制。最后，税款使用也是公共财政探讨的重点问题。纳税人作为公共产品的受益者，有权选择公共产品的种类、对税款使用过程进行制约并要求国家做出公共产品的最优提供。

四、公法之债理论——法学依据

伴随着美索不达米亚和古埃及文明的出现，税收制度接踵而至，而纳税人权利是税收制度发展后期产生的概念，是税收以及其衍生出的"税收法律关系"的现代文明解读——债权债务关系的附带产品。因此，对税收法律关系的厘清将影响纳税人权利的产生与行使。

法律关系是两个或数个权利主体基于一个具体的事实关系，根据法律规范所产生的关联。当法律关系的基础为税法时，则可称之为税收法律关系，它由主体、客体和内容三个要素构成。税收法律关系的主体是在税收征纳关系和税收管理关系中独立地享有权力（利）和独立地承担义务的当事人。抛开学者对于国家权力机关和具体代执行税收权的行政机关的探讨，本书的征税主体指享有征税职能、行使国家的征税权力、承担依法征税义务的行政机关。纳税主体包括纳税义务人、扣缴义务人和纳税担保人。税收法律关系的客体即征税对象，包括应税商品、货物、财产、资源、所得和主体的应税行为。税收法律关系的内容是指在税收征纳活动和税收管理活动中依法享有的权力（利）和承担的义务，是税收法律关系中最核心的部分。

在《法学阶梯》中，债被定义为"一种必须根据城邦的法律制度履行给付义务的法律约束"。"税收是公法上的债权债务关系"的说法源于税收法定主义精神，是德国法学家阿尔伯特·亨泽尔将民法概念引入税法中的结果。他认为，纳税人被要求履行给付义务与债权债务关系的特征相符。

按照我国公共财政支出现状，以公法之债为视角审视纳税人私权利与政府公权力，建立以纳税人身份通过司法权审查政府不当支出行为的纳税人诉讼制度，对二者在法治框架下的和谐共进将不无裨益。那么我们可以将国内税收涉及的税收法律关系构建为两个主体、四个身份、两个过程的模型（见图2-1）。

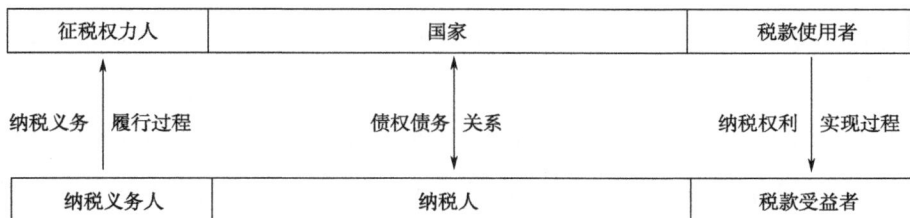

图2-1　税收法律关系

公法之债的提出，在具体层面上，明确了政府对纳税人的财产仅具有请求权不享有支配权；在抽象层面上，将公共产品和服务的提供视为债的标的，公民在履行纳税义务后，即获得享受公共产品和服务的权利，它虽不是即时的，但却是确定的。因此，纳税人和国家之间是平等主体的债权债务关系，对等地享有权力（利）承担义务，同时，纳税人还可以要求不受到非法侵害。

五、国家治理理论——管理学依据

"治理"概念最早可以追溯到13世纪末期，但并未进入密集研究的领域。随着20世纪70年代以来凯恩斯干预主义经济政策带来的"滞胀"困境以及西方国家的传统政府管理模式弊端丛生，新公共管理运动从英国开始盛行。而20世纪90年代深入发展的治理理论拓展了政府改革的视角，顺应了公共管理领域发展的必然趋势。

国家之所以有"大小"，皆因比较而生，或以国土、人口、规模相较，或以政治、经济、文化、军事等影响力强弱论之。大国，优越伴随着复杂与不确定；小国，集中伴随着窘迫与单一。无论国家"大小"，均需动员更多物质与精神资源推进与发展，而大国的"难念之经"显然需要在治理过程中慎之又慎。

治理理论赖以存在的根基是国家-市场-社会的关系结构，很多学者认为治理理论源于"政府失灵"、全球化等现实因素。该理论重视成本和效益之间的关系，强调公民的需求和市场机制的运行，主张运用各种创新策略达到管理的目标。因此，国家治理的进步性表现在以下三个方面：从运行主体角度来看，国家治理主体是国家、市场和社会，而非单纯的政府；从权力运行方向来看，国家治理讲求上下联动，而非自上而下的权力单向运行；从权利的来源来看，国家治理模式下各主体的权利来源于经过民主程序通过的法律。

在治理理论本土化的过程中，不少学者开始反思其适用性、局限性和内在矛盾的问题，并研究贴合我国国情的实践思路。大国税收治理应围绕增进全社会和每个国民福祉总量的总目标展开，要使人成为有权利的人。笔者认为，首先，税收法定是税收治理的应有之义。税收作为财政的主要收入来源，为治理提供了土壤和养分，那么改革税收制度、完善税收法律就是实现税收法定的必然途径，这让纳税人有法可依。其次，税收治理应做到程序正义。这要求打破传统税收管理中税务机关的绝对强势地位，确保纳税人在税收征管过程中的权利救济平等。再次，预算制度应在税收治理中发挥重要作用。良好的预算是达到"公共产品质量合意"的必要保证。作为国家治理的主体，纳税人可以用好预算这个"治理政府的工具"，了解税款等政府收支行为；提出公共物品需求，参与预算制定过程；对预算的实施进行全面监督。最后，税收治理应做好应对挑战的准备：其一，大数据技术的出现促使管理模式趋于智能化和专业化；其二，治理目标多元化自然呼唤参与治理主体的多元化，实现社会共同治理；其三，应实现向以纳税人需求为导向的现代纳税服务体系的转变。

第三章

权义平衡理论的合理效益预期

据前述逻辑起点、价值取向、历史演化和地位转型四个角度进行分析，税收理论的义务中心论发展为权义平衡论是社会发展的使然与现实的选择，本章将对该理论下的效益预期进行梳理分析。

一、实现征纳关系中的纳什均衡

参与经济活动的主体基于自身利益最大化的取向进行战略决策并采取行动，在策略选择和行动过程中会付出成本，并得到收益，多个参与主体间互动博弈，将形成一种相对稳定的均衡状态，即"纳什均衡"（Nash equilibrium）。博弈论被大量运用于经济活动和分析中，财税法中也存在着权利、权力和利益的博弈。征纳关系涉及税收法律关系中最核心的一对相互博弈的权力（利）。一旦国家的税收权力过大，纳税人义务过重，那么将引发社会矛盾，尤其在社会变革和转型时期。

首先，从立法角度分析，税法制定的过程中，国家与纳税人之间存在博弈。国家和纳税人都可以有两种对策，要求和不要求权力（利）增加，二者在短期内的权力（利）增加要求是相互冲突的。如果用 K 表示参与者的集合，R 表示参与者的行为集合，u_1 表示纳税人的效用，u_2 表示国家的效用，A 表示要求权力（利）增加，B 表示不要求权力（利）增加，i 表示参与者或行为的序号。我们需要通过博弈找到参与者的严格占优策略（DS），以达到纳什均衡（NE）：

$K = \{1, 2\}$

$R_i = \{A, B\}$　　$i = 1, 2$

$u_1(A, A) = 4$　　$u_1(A, B) = 6$　　$u_1(B, A) = -2$　　$u_1(B, B) = 0$

$u_2(A, A) = 4$　　$u_2(A, B) = -2$　　$u_2(B, A) = 6$　　$u_2(B, B) = 0$

因为 $u_1(A, A) > u_1(B, A)$

　　　$u_1(A, B) > u_1(B, B)$

所以 A 为 DS_1

同理，A 为 DS_2

所以 $\{A, A\} \in NE$

上述分析表明，纳税人和国家都会在立法过程中选择增加权力（利）的对策，双方均选择增加权力（利），则达到纳什均衡。

其次，从执法角度分析，税务机关如果在执法过程中多征税款或提前征收，则会侵害纳税人权利，纳税人是否选择行使救济权，这也是一个博弈过程。这是一场税务机关先行动的完全信息动态博弈。权义平衡理论下，税务机关依法征税，双方合作，我们就可以对维权成本的降低持合理期待（如图3-1所示）。

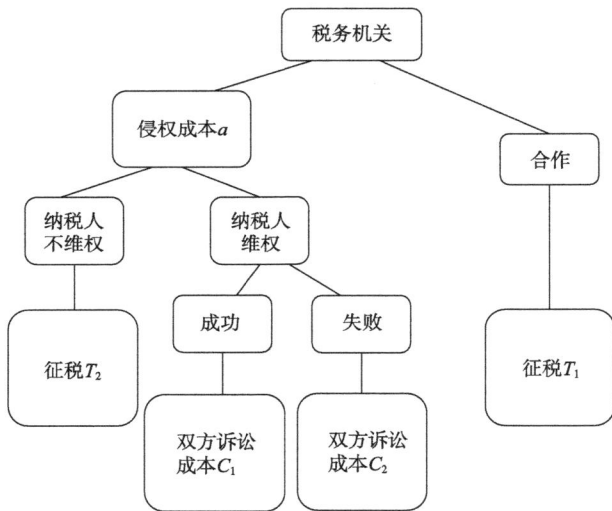

图3-1 执法过程中税务机关与纳税人动态博弈

最后，从司法角度分析，在权力（利）救济过程中，司法机关希望获得权威和信任，纳税人希望获得经济和信用。如果用 K 表示参与者的集合，R 表示参与者的行为集合，u_1 表示纳税人的效用，u_2 表示司法机关的效用，A_x 表示起诉，A_y 表示不起诉，B_x 表示保护，B_y 表示不保护。

$K = \{1, 2\}$

因为法律规定"不告不理"

所以 $R_i = \{ (A_x, A_y), (B_x, B_y) \}$，但不存在 $R_{1,2} (A_y, B_x)$　　$i = 1, 2$

$u_1 (A_x, B_x) = 2$　　$u_1 (A_x, B_y) = -2$　　$u_1 (A_y, B_y) = 0$

$u_2 (A_x, B_x) = 2$　　$u_2 (A_x, B_y) = 0$　　$u_2 (A_y, B_y) = 0$

因为 $u_1 (A_x, B_x) > u_1 (A_y, B_y) > u_1 (A_x, A_y)$

　　$u_2 (A_x, B_x) > u_2 (A_x, B_y) = u_2 (A_y, B_y)$

所以 $\{A_x, B_x\} \in NE$

上述分析表明，司法机关和纳税人都会采取保护纳税人权利的对策，以实现合作均衡。

因此，在立法、执法、司法过程中，都会采用保护纳税人权利的方式，以实现征纳关系中的纳什均衡。

二、促进纳税人良好的纳税遵从

纳税遵从是指纳税人根据相关税收法律法规，及时、准确申报税额，按时缴款并服从征管行为。《2002 年—2006 年中国税收征收管理战略规划纲要》首次提到税收遵从。

实际上，作为理性经济人的纳税人，为了追求收益最大化，自然形成纳税不遵从的动机；而税收的无偿性和财产的私有制使征纳双方形成对立统一的矛盾关系。从社会心理学的角度来看，影响纳税人遵从意识的因素有纳税人的动机、态度和环境等，其中宏观税负的水平、征纳双方的关系、税制公平的程度等都对纳税人良好的行为遵从产生影响。我们可以将影响纳税人行为遵从的因素分为内部因素和外部因素（如图 3-2 所示）。

由于税收制度涉及文化、政治、经济和法律四个方面，同时，良好的税收制度提升了纳税人对政府的信赖度，因此它对于纳税遵从行为具有显著影响。

纳税人权利的保护有助于纳税人从心理上产生遵从意识。如果纳税人对征税机关的工作满意，那么将更容易产生遵从行为。实证分析得出，越清楚举报涉税违法事项途径的纳税人，越认为办税人员没有唆使或协助其实施违法行为。本书在对纳税人进行问卷调查①的同时，针对调查结果进行了 SPSS 分析，对纳税人学历水平、了解纳税人权利义务的程度和对纳税人保护现状满意程度之间是否具有显著性得出了一定结论（见表 3-1）：虽然纳税人的最终学历与纳税人对权利的了解程度和保护现状的满意程度之间不具有显著性，但纳税人对权利义务的了解程度和对纳税人权利保护现状的满意程度通过了置信度为 99% 的显著性检验。也就是说，纳税人越了解权利义务内容，对税收制度的运行情况越满意，相应地，越能够促进纳税遵从。

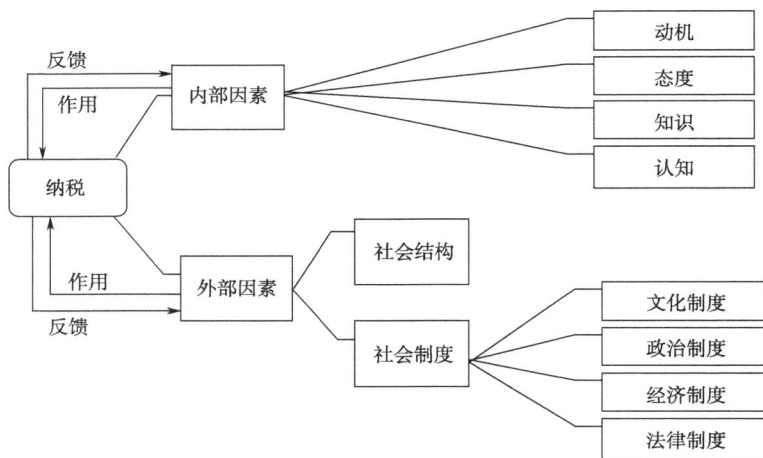

图 3-2　纳税人行为遵从因素

表 3-1　显著性分析结果

项目	平均值	标准差	您最终的学历是？	作为纳税人，您了解您的权利义务吗？	您对纳税人权利保护现状满意吗？
您最终的学历是？	3.60	0.51	1		

----

① 问卷设置、具体内容与其他结果详见第五章、第六章。

项目	平均值	标准差	您最终的学历是?	作为纳税人，您了解您的权利义务吗?	您对纳税人权利保护现状满意吗?
作为纳税人，您了解您的权利义务吗?	2.44	0.78	0.01	1	
您对纳税人权利保护现状满意吗?	2.20	0.60	0.03	0.28**	1

注：** 表示 p<0.01，* 表示 0.01<p<0.05。

1. 纳税人权利保护有助于形成积极的税收文化。税收文化通过改变税收环境来实现对纳税人行为的影响。一方面，积极的税收文化可以通过非法律、非行政的人文力量约束征纳双方的行为；另一方面，税收文化形成的社会舆论可以对纳税人心理造成深刻而长远的影响。

2. 纳税人权利保护有助于提高自觉纳税意愿。权利的缺失使纳税义务的履行在许多情况下成为非自愿的行为，从而滋生逃税、避税、抗税等行为，增加了征税成本。因此，重视纳税人的地位和权利有助于增强自觉纳税意识，促进公平的实现，帮助国家提高财政汲取能力。

3. 纳税人权利保护有助于提升公共服务满意度。纳税个人比企业更加追求税收贡献与享受公共产品与服务的匹配程度。费尔德等（Feld et al.，2000）表示公共服务水平与自然人的纳税遵从意愿有着密切联系。当个人对纳税服务或公共设施不满意时，将产生偷税、漏税、抗税的行为，纳税人通过缴纳税款获得公共服务，因此满意度越高，越倾向于纳税遵从。

三、有利于税收效率的提升

如果国家征税对资源配置、经济运行以及税务行政管理具有正向作用，就可以称之为税收效率的实现。最早关注税收效率并进行研究的学者是亚当·斯密，他认为在征税时要尽量节约征收费用，使纳税人的付出尽可能等于国家的收入。

首先，纳税人权利保护有利于资源的有效配置。在经济学中，纳税人存在的逻辑起点是福利最大化。纳税人通过选择公共机构来实现福利需求，国家与政府就是纳税人选择的公共机构，它们决定着资源的配置方式，不同配置方式的有效性是不同的。法律作为公共产品，其对资源的合理配置反过来又促进了资源的优化配置，社会福利得到进一步提高。对于配置的效率，可以通过帕累托效率和卡尔多-希克斯效率两种方式来表达。

帕累托效率标准就是对资源配置最佳效率状态的一种描述，即在对资源进行配置时，不能使一个人变得更好，也不能使一个人变得更坏，如果没有处于这种状态，就需要进行帕累托优化。假定社会中仅有国家和纳税人两类主体，X 轴为国家效用，Y 轴为纳税人效用，曲线各点均为帕累托最优。A 点为纳税人效用最大，B 点为国家效用最大，两点均不存在。E 点到 D 点是在纳税人效用不变的情况下进行了对国家效用的帕累托优化；同理，E 点到 C 点是在国家效用不变的情况下，对纳税人效用进行帕累托优化（如图 3-3 所示）。

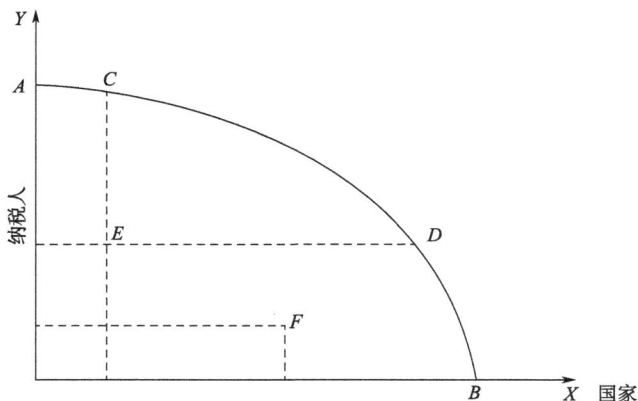

图 3-3　纳税人效用帕累托优化

卡尔多-希克斯效率标准在税收领域可以表达为，在无法实现帕累托最优的情况下，当税收制度发生变化时，某一主体获益而另一主体受损。如图 3-3 所示，F 点对于 E 点，都没有实现帕累托最优，而国家的效益增加，纳税人效益减少。在社会不得已通过损害部分纳税人利益集团的方式来改善其他利益集团利益时，必须对受损害的纳税人利益集团做出适当补偿。波斯纳将卡尔多-希克斯改进表述为潜在的帕累托改进。因此，纳税人权利的保护可以有效遏制损害纳税人利益集团的行为，从而减少损害行为带来的补偿需求，实现资源的有效配置。

其次，纳税人权利保护有助于促进国民经济稳定增长和微观经济效益的提高。一方面，刺激经济增长或者希望公民响应国家政策就需要采取激励行为。比如中小微企业的减税政策，高新技术企业的减税政策等。另一方面，纳税人行使公众参与的权利有助于提升劳动生产热情和优化公共机构。对税款分配不公将阻碍生产者和消费者做出正确决策，从而影响市场经济的正常运转，造成社会福利的损失，形成税收超额负担。纳税人希望可以通过公众参与的权利促进政府廉洁高效地管理国家，其对公共机构的选择逐步实现了对公共机构的优化策略，而公共机构提供的公共物品提升纳税人劳动生产热情，促进经济效率的提升和经济机制运行的稳定。

最后，纳税人权利保护有助于提升税务行政管理效率。该效率的提升有赖于优化征管模式，降低行政成本，运用现代化征管手段，提升征管效率。纳税人权利的保护是一种新的、有效的监督模式。立法权和最高权力的所有者应实行有效的法律，由公正无私的法官裁判纠纷，执行法律的目的是为了人民的和平、安全和公众福利。由此，纳税人权利的保护可以直接划定公共权力的行使范围和界限，以强制力保障实施，加大税务机关的违法成本，增强监督的有效性。

第二部分

需求与困境

党的十八届三中全会将财政定位为国家治理的基础，法治财政的建设成为全面深化改革的重心。中国特色社会主义进入新时代后，我国社会主要矛盾和经济社会发展形势发生了转变，税收制度也将随之革新。税收制度的完善需要遵循目标导向和问题导向，才能从根本上解决发展不平衡不充分的问题，更好地落实税收法定，实现征管现代化。

第四章

治税新格局的目标转变

新中国成立后，我国经历了国家财政阶段、向公共财政转型阶段、公共财政阶段和现代财政阶段。本章通过对财税政策相关文件的梳理，分析各阶段目标异同，从而把握治税新格局的形势，明确新时代纳税人权利保护的必要性和可行性。

一、我国税收制度改革的阶段性目标

（一）国家财政阶段：新中国税收制度的建立

新中国税收制度自 1949 年开始建立，于 1978 年党的十一届三中全会召开前逐步完成。1950 年，为恢复国民经济，采用计划经济体制，在全国范围内统一税收。1958 年，我国对农业、手工业和资本主义工商业的社会主义改造基本完成，第一次对税收制度进行简化。1973 年进行第二次税收制度改革时，在全国范围内合并税种，除保留工商所得税之外，将企业缴纳的各种税统一简并为"工商税"，再次简化征税办法。表 4-1 列出了这一阶段关于财税政策的文件表述。

表 4-1　1949—1978 年关于财税政策的文件表述

时间	文件内容	来源文件
1949 年	国家应注重财政金融政策的制定，明确国营经济领导各社会经济成分分工协作，各有所得，以实现对整个社会经济发展的促进作用	《中国人民政治协商会议共同纲领》
1951 年	在划分中央与地方在财政经济工作职能方面，要继续坚持国家统一领导原则、计划和管理的原则，将适宜由地方政府管理的那部分职权交给地方政府	《关于划分中央与地方在财政经济工作上管理职权的决定》

由此可见，党的十一届三中全会召开之前，我国财政分配以国家为主体，财税政策的订立推行、税收制度的建立革新是计划经济体制下的产物。虽然在此阶段出现了"片面简化税制"的情形，但总体而言，都是为了实现国家职能和恢复新中国经济的目的，将税收作为国家管理的一种工具。

（二）向公共财政转型阶段：有计划的商品经济时期的税制改革

1978 年至 1993 年是我国经济体制改革的重要阶段，在计划经济依然存在的情况下，我国税制不断改革和前进（见表 4-2），取得了一系列重大成果。

表 4-2　1978—1993 年关于财税政策的文件表述

时间	文件内容	来源文件
1988 年	宪法第十一条增加了关于私营经济的表述，将其确定为社会主义公有制经济的补充，肯定了私营经济存在与发展的法律地位，国家对私营经济实行引导、监督和管理的政策，并保障其权益实现	1988 年宪法修正案
1993 年	用"社会主义市场经济"取代"计划经济"，用"国有经济""国有企业"取代"国营经济""国营企业"	1993 年宪法修正案
1993 年	分析我国经济体制改革的新形势和新任务，转变政府管理经济职能，健全宏观经济调控体系，运用货币政策与财政政策等间接手段，促进国民经济和社会协调发展。要求积极推进财税体制改革	《中共中央关于建立社会主义市场经济体制若干问题的决定》
1993 年	进一步细化中央与地方在财政经济工作方面的职权，将维护国家权益、宏观调控、经济发展的中央税与地方税分开，促进税收返还、配套改革，持续、加快发展国民经济	《国务院关于实行分税制财政管理体制的决定》

1982 年之前我国税制改革的主要目标是恢复经济以及探索涉外税收方面的政策；自 1983 年开始，我国逐步接受公共财政理论，提出发展有计划的商品经济，在法律中肯定了个体经济、私营经济的必然性，实施"利改税"，重视税收的杠杆作用和宏观调控作用。该阶段将社会主义市场经济体制确立为我国社会主义基本经济制度的重要组成部分，一定程度上肯定了税收的重要影响，并将其功能定位与宏观调控相连接，推行"对外开放、对内搞活"的发展经济措施以完成税收制度的改革。

（三）公共财政阶段：社会主义市场经济时期的税制改革

随着党的十四大召开，我国的改革开放迈入了崭新的历史阶段。党的十四大提出了社会主义初级阶段理论，明确了建立社会主义市场经济体制的战略目标。这一阶段关于财税政策的文件表述见表4-3。

表4-3 1994—2012年关于财税政策的文件表述

时间	文件内容	来源文件
1998 年	继续实行积极的财政政策,有重点、有步骤地调整财政支出结构,为逐步建立公共财政基本框架并向公共财政的职能转变创造条件	李岚清在全国财政工作会议上的讲话
2003 年	深化经济体制改革,加快政府职能转变,国家计划、财政政策、货币政策等相互配合,健全公共财政体制,完善国家宏观调控体系	《中共中央关于完善社会主义市场经济体制若干问题的决定》
2004 年	将宪法第十一条第二款对个体经济、私营经济的保护、引导、监督和管理修改为对非公有制经济的权益的保护,并提出对非公有制经济持鼓励、支持的态度,监督和管理需要依法进行	2004 年宪法修正案
2007 年	深化财税、金融等体制改革,完善宏观调控体系	党的十七大报告
2012 年	全面深化经济体制改革,加快经济发展方式转变,总体实现公共服务均等化。加快改革财税体制,形成中央和地方财力与事权匹配的财政体制,降低宏观税负,形成有利于结构优化、社会公平的税收制度和预算管理体制	党的十八大报告

根据市场经济的发展程度,这一时期的税制改革可以分为两个阶段:1994 年至 2000 年是社会主义市场经济初期,我国启动了新中国成立以来规模最大、范围最广、内容最深刻的财税体制改革,建立了以税种划分为基础的"分税制"税收管理体制,为逐步建立公共财政基本框架创造条件;自 2001 年开始,我国税收制度改革进入社会主义市场经济完善时期的重要阶段,在保持税收制度基本格局的前提下对税收制度进行适度革新,健全公共财政体制和宏观调控体系,健全税收制度。在我国全面进入公共财政阶段后,税收制度变得更加简化、公平和规范。其目的在于实现财税政策的宏观调控功能,保障社会主义市场经济的初期运行和逐步完善。

(四)现代财政阶段:国家治理环境下的税制改革

《中共中央关于全面深化改革若干重大问题的决定》将财政定位为国

家治理的基础和重要支柱；从 2014 年开始，国家关注财政税收领域立法，营改增和资源税改革已逐步调整到位，个人所得税改革顺利推进；2018 年，为降低征纳成本、提高征管效率，我国进行了国地税机构合并，逐步优化高效统一的征管体系。这些都深刻揭示：我国逐步实现了从"将财政政策视为宏观调控的工具"到"用财税法规规范政府财政行为"的转变，致力于解决发展不平衡不充分的突出问题，基本建成法治国家，增强经济实力，健全地方税体系，实现征管现代化等改革目标。表 4-4 列出了 2013 年至今关于财税政策的文件表述。

表 4-4　2013 年至今关于财税政策的文件表述

时间	文件表述及评价	来源文件
2013 年	肯定市场在资源配置过程中发挥的决定性作用，突出财政是国家治理的基础和重要支柱，要求构建税制统一、税负公平、促进公平竞争的科学财税体制	《中共中央关于全面深化改革若干重大问题的决定》
2014 年	完善社会主义市场经济法律制度有利于发展法治经济，促进市场有效监管，维护市场公平竞争。加强财政税收、金融等方面法律法规的立法，是保障公民权利、实现实质公平的重要方式	《中共中央关于全面推进依法治国若干重大问题的决定》
2017 年	加快现代财政制度的改革进程，完善区域协调、权责清晰的中央与地方的财政关系，对预算制度提出了"全面规范透明、标准科学、约束有力"的要求。同时，健全地方税体系，深化税制改革	党的十九大报告
2018 年	在提升税收的征管效率方面，提出了降低征纳成本、理顺职责关系的建议。省及省以下国地税机构合并，规定了纳税人享有获得优质、高效、便利服务的权利。改革国税地税征管体制，优化税制结构，完善力量配置，形成优化高效统一的税收征管体系	《深化党和国家机构改革方案》
2020 年	建立现代财税金融体制。深化税收征管体制改革，完善税收制度，健全地方税体系，适当提高直接税比重；通过再分配机制的健全，实现税收等合理调节过高收入的功能，从而提升人民生活品质	《中共中央关于制定国民经济和社会发展第十四个五年规划和二〇三五年远景目标的建议》
2021 年	建立现代财税体制，全面落实税收法定，严格规范执法行为，维护纳税人缴费人合法权益	《关于进一步深化税收征管改革的意见》

在国家长远发展和社会福利水平提升的相同发展目标指引下，各阶段面临不同的国际形势和国内现状，这使目标体系具有一定的差异性。在税收制度的发展过程中，对"规范"和"法治"的关注逐步升温。现代财政理论认为，税收法治是实现税收治理现代化的重要途径，是解决社会根本矛盾的重要方式，更是和谐社会发展的重要实践。单纯的税收法定带来的是"税收法制"而非"税收法治"，而纳税人权利体系的建立和运行保护才是税收法治的最重要议题。

二、治税新格局下的目标确立

纳税人权利及其保护的命题并非与"税收"概念同时产生的，它具有自身的社会经济与法制基础。计划经济时期，税收被认为是无偿取得财政收入形成的社会产品分配，并不是对私有财产的剥夺，对纳税人权利处于"不自觉保护阶段"，尚无现代意义上的纳税人权利及保护问题。改革开放后，非公有制经济的发展为纳税人权利的产生奠定了基础，1993 年实施的《征管法》明确将"保护纳税人的合法权益"作为立法宗旨之一，我国对纳税人权利保护的研究因时而异，逐步深入。

党的十八届三中全会后，在现代财政倡导的推进国家治理能力现代化的目标指引下，我国致力于构建新时代税收制度，从而开启了治税新格局。它与传统税收管理模式不同，具体表现为：其一，由税收管理向税收治理的理念变化。政府不再是唯一的运行主体，运行方向讲求国家、社会、人民的多向联动，运行制度来源于民主决策。因此，治税新格局坚持以人为本的理念，树立了全面、协调、可持续的发展观。其二，征纳主体的地位发生转变。传统税收管理贯彻纳税人义务中心主义，而"公法之债"理论为治税新格局指明了"权利义务一致性"的理论依据，征纳双方地位平等。其三，直接税比例增加。以所得税和财产税为主体的直接税体系，有助于发挥税收筹集财政收入、调节收入分配和稳定宏观经济的作用，夯实社会治理基础。根据治税新格局目标决策框架（见图 4-1），我国在经历了对纳税人权利的不自觉保护、程序层面上的自觉保护、实体层面的进一步保护的阶段后，进入构建和谐社会的新的历史阶段之际，实现税法的健全、发展和完善需要对纳税人权利予以全面保护，通过构建以纳税人为中心的税收法律体系，达成新时代税制改革目标。

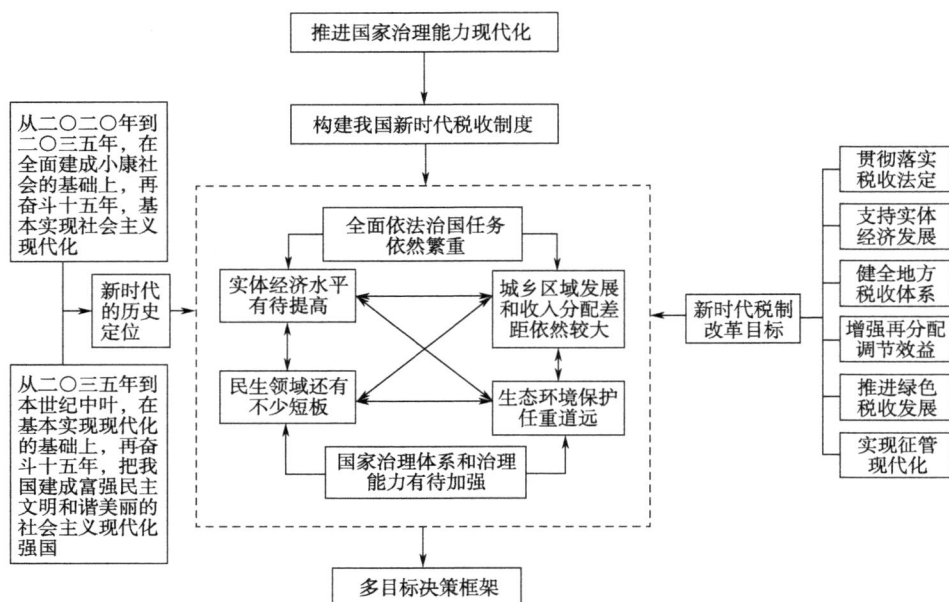

图 4-1 治税新格局目标决策框架

第五章

制度供需现状

一、基于问卷调查的实证分析

鉴于实证分析的可靠性，笔者设计了一系列问卷对 507 位在中国境内缴纳税款的纳税人进行了调查。受调查人员中，4.93% 的人员在境外（含港澳台）缴纳过税款；拥有高中及以下学历者占 5.72%，拥有专科学历者占 14%，拥有本科学历者占 48.32%，拥有研究生及以上学历者占 31.96%。具体行业分布情况如图 5-1 所示。

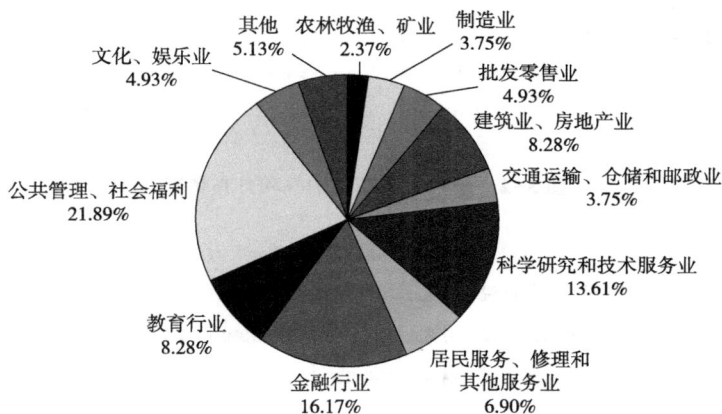

图 5-1 受调查人员行业分布情况

受调查的纳税人中，有 34.32% 的纳税人不太了解或者完全不了解纳税人的权利和义务，45.76% 的纳税人认为我国没有或不了解相关法律法规保护纳税人的权利，15.78% 的纳税人自身或周围的人经历过不公平或不合理征税行为。关于"最在意的权利"这个问题（见图 5-2），"减税免税"排在第一位（85.21% 的受调查人员选择），"获知税收制度、相关知识和税款用途等"排在第二位（48.92% 的受调查人员选择），"权益受到侵害时获得帮助和补偿"排在第三位（43% 的受调查人员选择）。对在遭遇不公正行为时会采取何种措施（见图 5-3），17.95% 的纳税人选择沉默，比例竟高于选择提起行政诉讼的方式。对于纳税人权利保护最需要提升的方面（见图 5-4），受调查人员认为我国在税收相关信息的公开方面亟待提升，其次是监督渠道的畅通以及颁布纳税人权利保护专门法。此外，52.07%的纳税人认为在申请复议、上诉或起诉前需补足税款缺乏合理性。

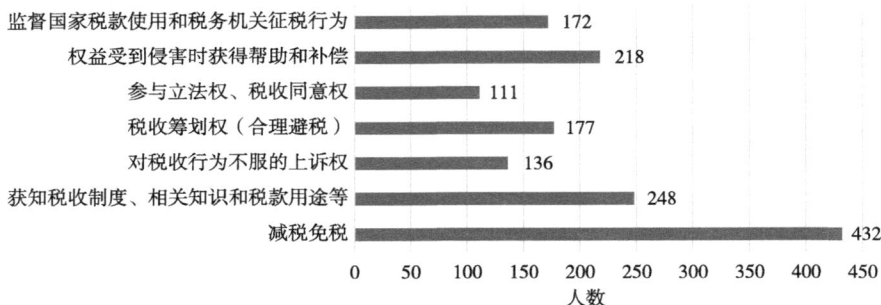

图 5-2 纳税人最在意的权利分布情况

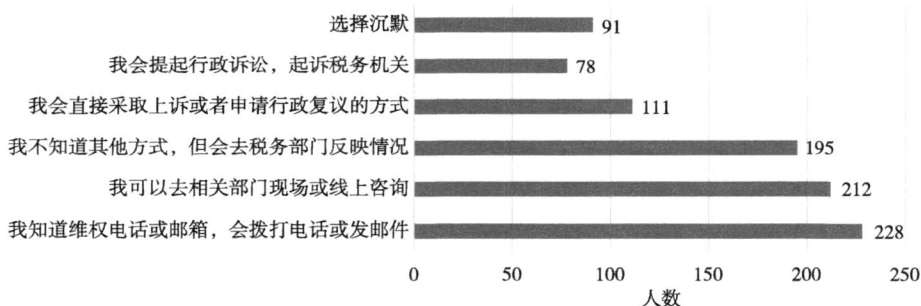

图 5-3 纳税人在遭遇不公正行为时采取的措施

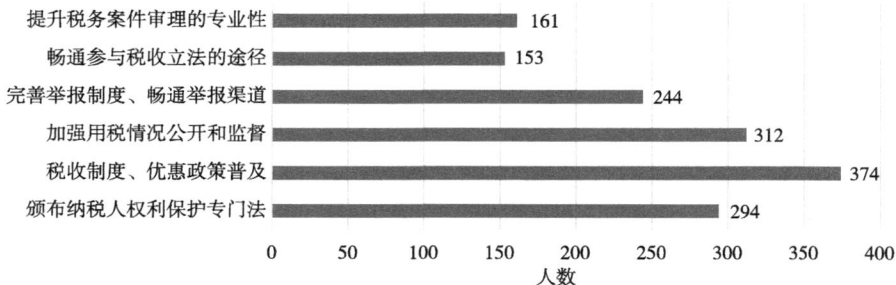

图 5-4 纳税人认为其权利保护最需要提升的方面

　　笔者还对纳税人及其所在企业享受过哪些税收优惠政策、纳税人的学习意愿、提升纳税遵从度的有效方式、税务检查相关情况以及纳税人对其权利保护现状的满意程度进行了调查（见图5-5至图5-9）。其中值得关注的是，纳税人学习自己拥有何种权利的意愿占比最高（67.85%），而46.75%的纳税人不知道在税务稽查、检查、抽查时可以履行何种权利。

　　此外，在"您对作为纳税人的权利需求提出的其他建议"这道开放题的作答中，共有31位纳税人作答，其中请求纳税政策、税款公开和权利公开的建议有11个，加大对高收入群体的监管和违法惩处力度的建议有6个，希望可以在制定税收相关法律法规时进行广泛征求意见的建议有2个，跨区域预缴增值税问题、使用假发票责任划分问题和不良资产处置、高新科技、疫情防控期间减税政策等具体问题有12个。

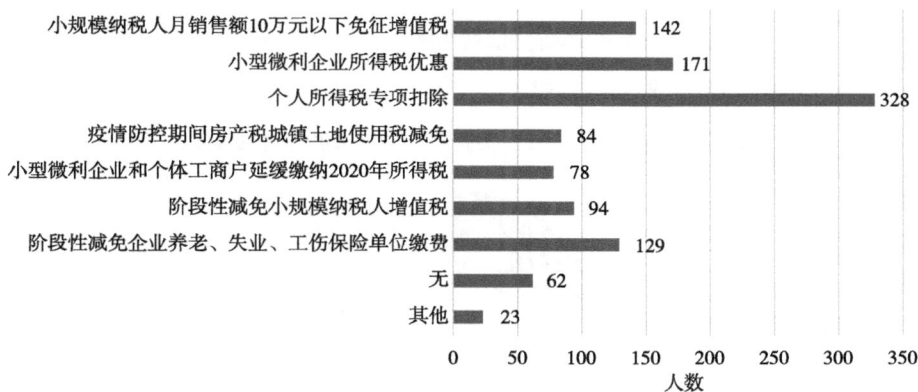

图5-5　纳税人个人或所在企业享受过的税收优惠

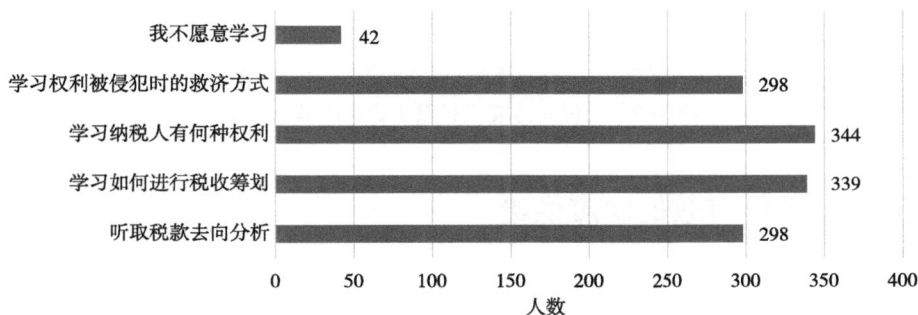

图5-6　假定每年纳税人可以免费获得学习机会时的学习意向

税收政策、制度、用税情况公开，明确纳税人的权利义务 —— 294
服务措施更精细，响应纳税人需求，保障纳税人权益 —— 248
简化办理程序，提高办理效率，降低办理成本 —— 305
规范执法行为，营造公平公正的税收环境 —— 194
发挥社会力量，提升全民纳税意识 —— 126
加大对违法行为（偷逃税等）的惩戒和打击力度 —— 160
实施更大力度的违法（偷逃税等）举报奖励 —— 114
简化税制，提高政策、制度确定性 —— 162
其他 —— 9
不了解或不关心 —— 57

人数

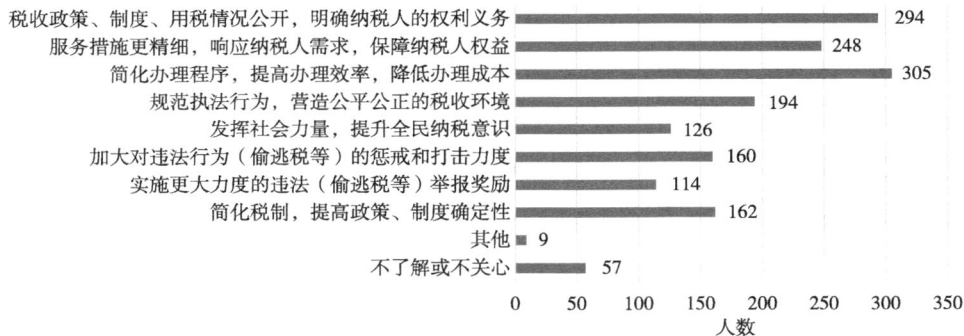

图 5-7　纳税人认为税务机关提升纳税遵从度的有效方式

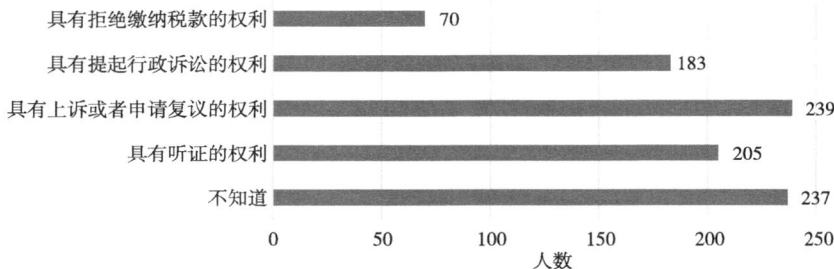

具有拒绝缴纳税款的权利 —— 70
具有提起行政诉讼的权利 —— 183
具有上诉或者申请复议的权利 —— 239
具有听证的权利 —— 205
不知道 —— 237

人数

图 5-8　在税务稽查、检查、抽查时，纳税人会被告知享有的权利

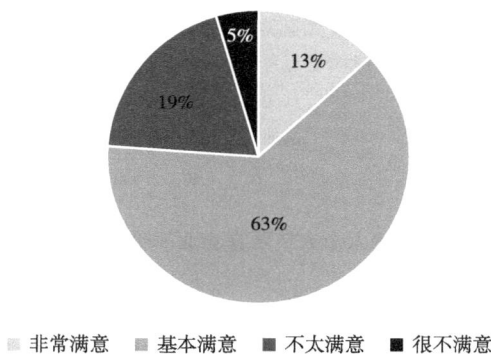

非常满意　基本满意　不太满意　很不满意

5% 13% 19% 63%

图 5-9　纳税人对其权利保护现状的满意程度

二、现行有效的制度供给

（一）宪法确定的根本原则

现代法治国家，宪法就是"人民自由权利的保障书"。纳税人最基本、

最重要的权利渊源就是宪法中关于公民基本权利和税收相关条款。虽然纳税人的权利内容和保障机制并非直接确立于宪法规范中，但民主法治、公平正义和保障人权等理念性、原则性、普适性的原则都为纳税人权利的保护提供了依据。而一个国家的宪法内容和对宪法功能的认识，将影响纳税人对权利的享有程度和权利的实现程度。

世界范围内，将税收法定确立为宪法原则的国家有很多，有的是将该原则体现在财税法中。然而，我国《宪法》只有第五十六条规定了公民有依法纳税的义务，没有其他关于税收法定、税收地位和作用等方面的内容，也没有确立税收基本法。2015 年修正的《立法法》在第八条①明确规定税收基本制度的确立应由法律进行。这既符合纳税人权利意识觉醒的现状，体现财税体制的改革思路，也顺应了税收法定入宪的趋势。由于《立法法》仅是宪法部门法，而不是宪法，因此基于构建我国财税法体系的需要，不少学者提出在宪法中直接明文规定税收法定的观点，这样一来，还可以有助于财税法实践。

为了维护法律的权威性和稳定性，《宪法》在颁布后的 40 年里仅经历了 5 次修改，虽然每次修改都体现了其与时俱进的特性，逐步由 138 条增加至 143 条，但仍然不能将政治、经济、文化、环境等各方面全部囊括，或者将具体规定与每部法律法规的内容一一对应。这就需要我们通过对《宪法》体系结构、具体规范、价值取向等进行解读，从而透彻领悟这部"母法"中所蕴含的宪法精神，并作为纲领性指引，运用于相关法律中。

首先，《宪法》采用先权利、后义务的体系结构体现了主权在民和民主法治的思想。这对我国现行法律体系中公民的权利与义务的关系提供了根本性指导，决定了纳税人权利在前、义务在后的顺序。其次，《宪法》第十三条、第三十三条、第三十七条分别就财产权、平等权、人身权等基本权利保护作出了规定，将保护公民财产、贯彻公平原则、控制国家权

---

① 税种的设立、税率的确定和税收征收管理等税收基本制度只能制定法律。

力、禁止非法侵犯公民权利、公民的生存和发展应获得保障等内容上升至宪法高度，对纳税人在与税收相关的各部门法中相应权利内容的确定和实现提供宪法依据。最后，虽然《宪法》对税收领域的内容仅有一条义务性规定，但是却为义务的边界设定了"依法纳税"的权利。

综上所述，《宪法》将税收法定确定为根本原则和纳税人最基本的宪法权利，并利用多条规范为纳税人权利的保护提供了宪法依据。但正如之前所述，作为宪法部门法的《立法法》将应由全国人大及其常务委员会行使的、税收领域尚未立法部分的立法权限授予国务院，这无疑对税收法定的实施造成了一定的现实阻碍①。

（二）税法体系中确定的具体内容

税法体系是指一国现行全部税收法律规范组成的有机联系的整体。基于对税法不同的分类标准，税法体系的内容构成也不同。以法认识论为基础，税法以税收程序法为核心，是规定纳税人有何种义务，纳税机关该如何征税的"征税之法"。

1980 年颁布的《中华人民共和国个人所得税法》（以下简称《个人所得税法》）和《中华人民共和国中外合资经营企业所得税法》虽然没有系统和指导性理论指出纳税人的权利应受到保护，但却对税收法定原则进行了初步贯彻。1992 年颁布的《征管法》对纳税人权利方面的规定有了质的飞跃。该法总则第一条将"保护纳税人的合法权益"确立为立法目的，并明确任何单位和个人不得违反法律法规作出征税、减免税、退补税和其他决定，赋予了纳税人检举权、代理权、依法减免税权等诸多权利。2001 年第九届全国人大常委会第二十一次会议审议通过对《征管法》的修订，第八条、第十二条、第二十七条、第三十一条等都对纳税人知情权、保密权、申报方式选择权、延期纳税权等方面做出了新的规定。该法

---

① 根据 2015 年修正的《立法法》第九条的规定，国务院可根据立法机关的授权对尚未立法的部分事项制定行政法规。

除增加了保护纳税人合法权益的条款，还完善了纳税人权利保护的救济权利。第三十九条和第八十八条对纳税人在出现税务法律纠纷时，依法享有的获得赔偿权、申请行政复议和行政诉讼权作出了规定，进一步在处理较为复杂、容易产生纠纷的问题上保障了纳税人的合法权益。另外，对于税务机关违法操作相关的赔偿也进行了改革，在原来的基础上进一步规定了滥用职权、违规执法、执法不当等情况的相应赔偿措施以及补偿标准。

《征管法》及 2002 年起施行的《中华人民共和国税收征收管理法实施细则》（以下简称《实施细则》）成为我国规范税收管理的基本法。这是我国从无法可依到依法治税的一个巨大进步。一方面，这与我国经济发展和法治建设的进程有关；另一方面，也体现了税制改革的民主性。但税法还处于完善阶段，税收法治实践经验不足，纳税人权利的内容还不完善。此外，国家机关征税者和立法者的角色重合，导致法律规定的内容无法避免地站在征税机关的角度，很难保证征纳双方的平等地位。

除了《征管法》对征纳活动中的纳税人权利进行规定外，《中华人民共和国行政诉讼法》（以下简称《行政诉讼法》）、《中华人民共和国行政处罚法》、《中华人民共和国国家赔偿法》等程序法也为纳税人救济权利的实现提供了法律依据，但这些都不是专门的税收程序法。而综观《中华人民共和国企业所得税法》（以下简称《企业所得税法》）、《中华人民共和国烟叶税法》、《中华人民共和国船舶吨税法》、《中华人民共和国个人所得税法》、《中华人民共和国环境保护税法》、《中华人民共和国耕地占用税法》、《中华人民共和国车辆购置税法》、《中华人民共和国资源税法》、《中华人民共和国海关法》、《中华人民共和国外商投资企业和外国企业所得税法》等 10 部由全国人大制定的税收实体法，纳税人权利保护成果寥寥。2007 年通过、次年 1 月 1 日正式实施的《企业所得税法》确立了内外资企业享有平等地位、实行统一所得税法的原则，但也只能算我国税种实体法对纳税人平等权重视的表现，并没有对纳税人权利进行全面、综合性的规定。征税机关在税法体系中的主导地位、具体权利的缺失、纳税人权利保护条款的分散等，在一定程度上反映了我国在纳税人权利保护方面依然存在严重的问题，需要进行专门的立法保护。

（三）空白授权及各级文件相关规定

全国人大于1984年、1985年连续两次授予国务院在税收方面进行立法的权力①。《征管法》明确了国务院征税、停征、减免税、退补税、制定实施细则等各方面的空白授权性立法权；同样，《企业所得税法》《个人所得税法》《中华人民共和国车船税法》均明确了国务院制定实施细则、实施条例等方面的立法权。但是，国务院在行政法规中对财税部门及省级政府实行了大量转授权。

我国税法体系中，十余项税种的基本规则如《中华人民共和国增值税暂行条例》对货物的定义未作约定，《个人所得税法》对工资、薪金类别未作具体规定等，都源自由国务院基于全国人大的空白授权而制定的行政法规，全国人大直接制定的法律不多。而由于没有专门的纳税人权利保护法，纳税人保护制度不仅分布在税法体系中，还散见于各级文件中。我国目前只有《公告》这一由国家税务最高机关颁布的指导性文件，该文件的法律效力明显要低于一般法律。

绝大多数税收法律规范都是国务院制定的行政法规，财政部、国家税务总局制定的部门规章，各政府制定的地方性法规，以及其他指导性文件等。由于国务院在法律条文执行前，并未将税收条例及时充实修正后提请全国人大常委会审议，如《中华人民共和国增值税暂行条例》等法规一直以暂行条例的形式实行至今，这就导致了整个税收法律制度效力较低的结

---

① 1984年9月18日，第六届全国人大常委会第七次会议作出了《关于授权国务院改革工商税制发布有关税收条例草案试行的决定》。国务院根据该授权，先后颁布了6个税收条例。2009年，该授权被第十一届全国人大常委会废止。1985年5月，全国人大常委会颁布了《关于授权国务院在经济体制改革和对外开放方面可以制定暂行的规定或者条例的决定》。根据该授权，国务院颁布了多部税收方面的暂行条例。

果。2015 年修正的《立法法》第八条明确税收事项专门立法权的同时，又在第九条保留了国务院的立法权限；国务院基于税收立法的专业性，又进行了转授权，还赋予了税务机关解释的权力，这就导致不仅征税者、立法者角色重合，执法者还可以借解释之名行立法之实。身份的多重性固然简便快捷，但却容易基于利于自身、利于国库的需要，行使征税权，使纳税人在缴纳税款的情形下，无法保障自身权益。

与此同时，纳税人只能从分散的法律文件中找到可以保护自己合法权益的法律依据，维权成本较高，收效并不显著。2015 年出台的《中华人民共和国税收征收管理法修订草案（征求意见稿）》（以下简称《征求意见稿》）对纳税人权益保护体系进行了完善，规定了纳税人参与税收立法的权利、预约裁定制度、重新明确授权立法权限并取消了清税前置程序，但该《征求意见稿》仅对《征管法》的修订起到推动工作，并未被正式确立为法律条款。

第六章

纳税人权利实现的现实困境

一、亟待确立以纳税人为中心的"积极权利观"

征纳过程中，纳税人权利保护理论的立论基础之一是对权利的认识，在厘定税收德性后，需要对权利的性质进行探讨。"消极权利观"将国家塑造为履行以下义务的"守夜人"角色：（1）保护本国社会安全，使其不受侵略；（2）设立司法机构，保护人民不受压迫；（3）维持公共秩序，建立公共工程。坚持该观点的学者由于过度昂贵的支出成本而反对福利性权利。该观点下，征纳过程中的纳税人权利对抗了国家政府的征税权利，为保护该权利，往往要对所有纳税人公平对待，尤其对较为贫穷的纳税人特殊照顾，而在执行过程中，还会出现效率低下的情况。由此，纳税人的权利被认为是消极权利。

霍尔姆斯和桑斯坦认为，自由不是不需要政府，相反，积极的政府为自由提供了条件。他们在专著中从权利的执行成本维度试图消解法定权利的积极/消极权利二分观，权利有效执行成本既包括私人成本，也包括公共预算成本和社会成本，政府的公共资源和规章制度因为对权利产生保护而具有意义。在我国，伴随着"允许一部分人、一部分地区先富起来"的政策支持，以及全球化经济发展的必然趋势，贫富差距逐步拉大。"消极权利观"对于维持社会的稳定、促进经济的进步适用程度逐步降低。一方面，它忽略了政府的存在和任何行为都是需要公共支出和社会成本的，任何权利的有效执行都需要政府的干预行为；另一方面，征纳双方的关系是对立统一的，是具有目标同质性和一致性的，不能将纳税人权利的实现等同于国家权力的消减。表面上，征税机关与纳税人被划分为不同的利益集团，存在着"零和博弈"，纳税人权利相对于国家征税权来说是私权利和公权力的较量。实际上，公共权力的目的就是提供公共服务，协调和指导社会组织的交往，促进社会的生存和发展。

因此，在贫富分化的国情下，税收领域适用"消极权利观"是滞后的。在时间上和源流上追溯征税权应该是国家在征得纳税人同意的前提下进行的行政行为，纳税人虽然牺牲了一部分财产作为代价，但同时支撑起国家的权力体系的运转，从而获得高质量的公共产品和公共服务作为对价。从长期和大局来看，纳税人与国家之间是统一的，不存在"消极权利观"中的"对抗局面"，税收本身起到了桥梁作用，它是让渡的商品，是给付的对价，是享受公共物品的依据，是提升国家效率的根本。

此外，新时代中国特色社会主义的发展理念的核心思想就是"以人民为中心"，在税收法律体系的完善过程中就应该构建以纳税人为中心的权利体系，承认权利先于法律约束。税法作为单独的法律部门，其所涉权利的内涵与其他法律部门不同。这就要求将纳税人权利保护贯穿于税收法律体系中，在微观上进行细化，在宏观上进行提炼。无论民主决策、财政分权，还是纳税人权利本位、税收法定主义，都以纳税人权利保护为目标和价值追求。我国宪法没有对纳税人权利的直接规定，而新时代中国特色社会主义的发展理念是"发展为了人民、发展依靠人民、发展成果由人民共享"，这就要求在税收领域确立以纳税人为中心的理念。2021年3月出台的《关于进一步深化税收征管改革的意见》阐述了"以纳税人为中心"的改革理念，突出以纳税人为中心的改革取向。因此，纳税人权利保护制度就要体现纳税人的所需、所想、所盼和所求。确立纳税人中心主义思想可以充分尊重市场规律，激发纳税人生产潜力，发挥税收调节经济的作用。在法治建设中，要把体现人民利益、反映人民意愿、维护人民权益、增进人民福祉、促进人民全面发展作为出发点和落脚点，在全过程、各领域进行贯彻落实。人民是法治的最高权力主体，社会的最高价值理念和行为准则应是以人民民主的方式形成的法律，把人民的满意度作为评价法治建设成效的最高标准，用"依法治税"取代"以法治税"，用"税收法治"取代"税收法制"。这些权利有助于化解税收分配矛盾，降低纳税人的税收痛感，促进社会和谐和成果共享，聚众人之财办众人之事。

二、税法体系侧重征纳过程中的纳税人权利

通过分析，我们可以看到，现行税法体系主要侧重于征纳过程中的纳税人权利，这就导致了权利内容的缺失以及治税过程目标的实现障碍。

（一）税款使用监督权、税收筹划权的缺失引发财政透明程度不足

根据问卷结果，"纳税人最关心的权利"一题中，"税款使用监督权"选择率排在第二位；"纳税人认为权利保护最需要提升的方面"一题中，"税收制度、优惠政策公开"选择率排在第一位。因此，财政透明是纳税人权利保护不可或缺的内容。

税收权力曾是国家主权的派生物，由于特殊的政治原因、法律原因和历史原因，过去盛行的是税权主体国家"一元论"，征纳双方力量严重失衡。随着经济的发展，主体"二元论"在国家和纳税人的互动关系中，关注了纳税人与政府之间的信息不对称导致的权利限制，为纳税人权利的保护提供了"平衡关系"的研究视阈。解决信息不对称的溢出效应最好的办法是参照国际标准①（如表6-1所示）来平衡关系，加强财政透明。首先，虽然纳税是纳税人义不容辞的义务，但纳税人并不一定自愿支付，平衡依法纳税过程中权利信息水平需要告知纳税人享有的权利内容和权利行使方式。其次，如前所述，公共物品的供给具有稀缺性和垄断性，"权衡国政使得其平"，因此必须赋予纳税人"话语权"，可以是"代表议税权"，也可以是"税收同意权"，从透明的供给端，将政府从"理所应当"的提供者变成"应运而生"的执行者。最后，提升税款使用的透明程度是解决公共产品质量监督的有力方法，对用税情况的披露可以增强纳税人对政府的信心，从而促进纳税遵从。

---

① 即国际货币基金组织《财政透明度良好做法守则》（2007年版）（https：//www.imf.org/external/np/fad/trans/code.htm）。

表6-1 财政透明度良好做法守则（2007）

原则	内容
作用和责任澄清原则	明确公共部门的政策和管理角色
	明确财政管理法律、监管和行政框架
公众获得信息的方便程度原则	向公众提供过去、当前、预计的财政活动和主要财政风险的全面信息
	呈现财政信息以促进政策分析和问责
	承诺及时公布财政信息
预算编制、执行和报告公开原则	预算编制遵循时间表并明确宏观经济和财政政策目标
	明确预算执行、监控和报告程序
诚信保证	财政数据应符合公认数据质量标准
	财政活动应受到有效内部监督和保障
	外部审查财政信息

（二）享受公共产品权利的缺失引发纳税服务专业程度不足

根据问卷结果，"纳税人认为权利保护最需要提升的方面"一题中，选择"精准宣传税收政策"、"提供精细服务措施"和"提升办税效率"的比例较高，这都对现代化专业的纳税服务提出了挑战。

纳税人传统的纳税服务是精神文明的范畴，但现代化纳税服务是行政行为的重要组成部分。近年来，税务部门通过流程、机构、资源、信息等方面的改革和优化，力图改进纳税服务，营造良好的税收环境。在进一步推进"放管服"改革的过程中，政府职能加速转变，采取了很多切实可行的措施。而只有建立更具专业性的服务体系，才能更好地达成税收治理现代化的目标。第一，完善的纳税服务要求建立实际的、硬性的工作标准，明确规范服务范围、行为准则、考核标准，注重纳税人的评价和满意度。第二，要将降低纳税成本和征收成本作为同样重要的征纳目标，为纳税人提供便利、高效的服务。第三，纳税服务也应包括在税收执法和税收司法的过程中。问卷中，纳税人高度关注"减税免税的权利"，这对税务机关精确执法，实现应征尽征、应减尽减、应退尽退提出了要求。特别需要指出的是，由于我国没有专门的税务法庭，诸多税务案件都以国家税务总局的批复、通知等作为法律适用的依据，因此在司法裁判的过程中，更要增强专业人员的素质。第四，大数据时代的到来使得数据的存储、处理和使用成为纳税人关注的方面，全天候、全方位、全联通的税务数据服务将为征纳过程提供更加权威、可靠的参考依据，并极大地节省纳税人报税成本，保护其自身权益。

（三）立法参与权的缺失导致税收法定贯彻不力、解释权力行使不规范

问卷中，纳税人对参与立法的权利给予了一定关注，而我国税法体系缺乏相关规定，这恰恰是纳税人中心主义思想的应有之义。此外，我国税法解释权力行使的规范程度，对税收法定的实现程度也带来了影响。

法律解释是对具有法律效力的规范性法律文件的说明，是法律适用的关键条件之一。萨维尼曾说，解释法律是法学的开端和基础，是一项科学性的工作。在全球范围内，法律解释权的配置主要存在两种模式，一是谁制定谁解释，二是制定与解释分离。在我国税法解释领域，把"需要进一步明确界限或作补充规定的解释权"配置给了立法机关，把"具体问题的应用性解释权"配置给了司法机关和行政机关，因此在实际运行中出现了立法解释与行政解释合一的问题。《全国人民代表大会常务委员会关于加强法律解释工作的决议》（以下简称"1981年决议"）就法律解释的对象、解释主体与权限划分、解释分类与争议解决等方面作了原则性的规定，与《宪法》和《立法法》一起规定了我国现行法律解释权力的配置模式。"法律"授权国务院或部门制定暂行条例，暂行条例规定本部门和所属部门可以制定实施细则或明示制定依据，其结果是，除了全国人大常委会可以对法律进行解释和补充外，行政机关实质上垄断了对行政管理领域的立法权和解释权，从而导致司法裁判被迫接受行政解释的情形。在税法解释领域，除了全国人大常委会对税法规范行使解释权外，税务机关对税务行政管理领域税法规范的解释权具有绝对垄断性，包括国务院及其海关总署、关税税则委员会、财政部及其机关、国家税务总局及其机关、地方人民政府。在国地税合并后，实行以国家税务总局为主与省级政府双重领导管理体制，更进一步形成了解释权混同的情况。税务机关解释税法是基于职责，但不能借解释之名行立法之实。

我国税法行政解释的重要地位带来了行政权力扩张、损害纳税人权利的隐患。无论从宪法还是行政法的角度来说，解释权的行使都应遵循比例原则和法定主义，践行契约精神，但税法行政解释过多会导致一方权力的扩张和另一方利益的损失。税务机关在行使解释权时会不自觉地偏向于"有利于国库"和税收任务的价值取向，将可能违反目的的正当性，作出有利于自身的解释，从而侵犯纳税人的权利。在解释的获取问题上，除了每月发布的税收法规公告外，绝大部分税法行政解释都是自上而下的指导和意见，纳税人失去了享受完全信息的可能性，从而不能及时了解最新法律适用动态，履行义务，造成非故意的违法行为，即使有专业人员或司法机关对税务案件进行裁判，依然会出现不加审查直接适用的情况。虽然司法解释在制度上没有障碍，但其在税法解释中的缺席，令纳税人失去了利用司法解释维护自身权利的资格。

（四）税务稽查中纳税人权利保护制度缺失导致稽查法度、效度、力度不足

税务稽查是税收征收管理工作的重点之一，税务机关通过依法对纳税人的纳税情况进行全面综合的检查监督实现依法治税，发现和纠正税收问题。如图 6-1 所示，2014—2019 年，每年查处的违法户数都在十万户以上，查实率更是在 2015 年之后逐年升高，查补总额在 2009 年破千亿元后始终未能降到千亿元之下①。税务稽查作为税收征管的最后一道防线，所处的环境日益复杂，面临的涉税问题日益增多，税务稽查中纳税人权利保护制度的设计瑕疵逐步体现。

---

① 相关数据根据 2010 年、2014 年至 2020 年《中国税务年鉴》整理。

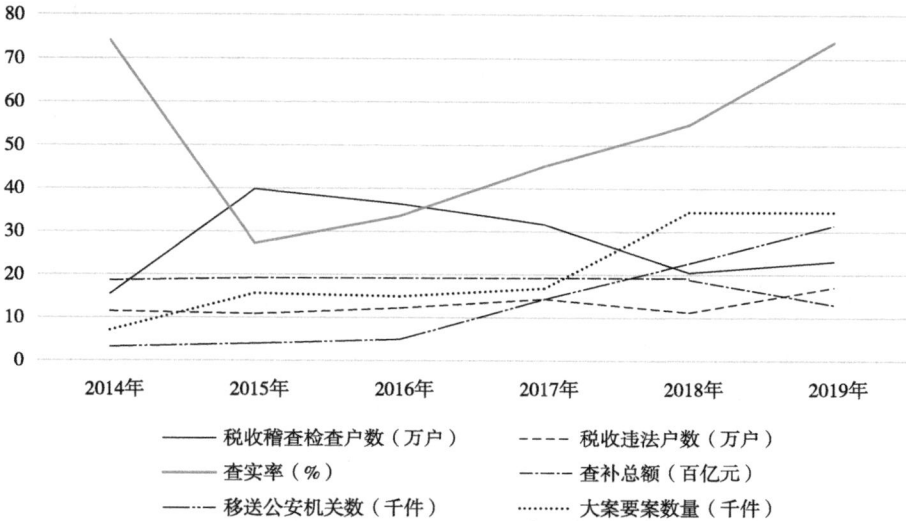

图 6-1 税务稽查相关数据

第一，税务稽查法度有待提高。《征管法》及其实施细则规定了纳税人有拒绝检查的权利，税务机关有稽查的职责，并明确了税务检查的对象、范围、实施、审理、处理决定执行等环节。而税务稽查实际上是税务检查的一种，其具体工作是由省以下税务稽查局依据《税务稽查工作规程》进行执法。该规程从法律位阶看只是税务总局下发的一个规范性文件，这一定程度上违反了税收法定，侵犯了纳税人的程序性权利。

第二，税务稽查效度有待提升。在纳税申报过程中，"有限理性"的纳税人会在诚实和不诚实的选择中作出最优决策，国家征税机关是在稽查和不稽查之间作出最优决策。

假设纳税人 n 诚实申报的行为不受其他纳税人影响，应税所得额为 F_n，申报税率为 α，$\alpha \in (0, 1)$，纳税人实际申报所得函数为 $f(\alpha)$，固定税率为 β，税务机关征税收益为 Z_n，征税成本为 C，纳税人不诚实申报获得惩罚比率为 γ，税务稽查成功概率为 δ，$\delta \in (0, 1)$，滞纳金加收率为 ε，纳税人诚实申报会有很多潜在收益，不诚实申报会面临被加入黑名单的危险，信用等级也会降低，信用收益为 U。

假设纳税人诚实申报的概率为 x，税务机关稽查的概率为 y。我们可以在 x 一定的条件下，使税务机关选择稽查和不稽查的期望收益相等，即：

$$x\,(F_n\beta-C)+(1-x)\left[F_n\beta-C+\delta\beta\,(\gamma+\varepsilon)\,(F_n-f(\alpha))\right]=x\,F_n\beta+(1-x)\,f(\alpha)\,\beta$$

解得：

$$X=1-\frac{C}{\beta(F_n-f(\alpha))\left[\delta(\gamma+\varepsilon)+1\right]}$$

当 $x<X$，稽查获益更高；当 $x>X$，不稽查获益更高；当 $x=X$，稽查机关可做任何选择。

图 6-2 展示了征纳双方在税务稽查过程中的博弈结果。

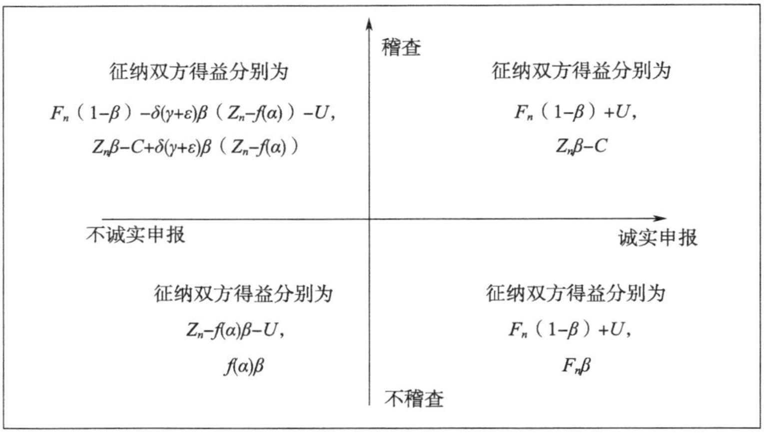

图 6-2 税务稽查过程中的博弈结果

本书未探讨重复博弈的问题和纳税人相互之间的心理影响，但根据现在的分析也可以得出：并非任何情况下税务稽查都是有效的。执法行为需要降低执法成本，提升执法效益。当纳税人诚实申报的概率较低时，税务稽查的必要性有待考量。

第三，税务稽查力度有待提升。税务稽查本身是希望通过打击涉税违法犯罪进行威慑教育，通过严厉打击少数教育多数，促进诚实申报，提升纳税遵从度，营造公平合理的税收环境。根据调查数据可以得出，有46.75%的纳税人不知道在税务稽查、检查、抽查时可以履行何种权利。这就很难发挥税务稽查的正向引导作用，甚至更难通过专业化和集约化的辅导式税务检查，提高查处率、处罚率，提升税务稽查质效。稽查人员的专业素养不高、数量不足，又被赋予了行政处罚中的自由裁量权，导致降低税收遵从度的风险。

三、纳税人权利救济体系效果不彰

在我国现有税法体制安排下，纳税人可以通过税务行政复议和税务行政诉讼进行权利救济。前者是税务系统内部的一种自纠自改；后者是税务机关行政行为的外部审查，是行政诉讼制度在税务领域的具体呈现。税务行政复议和税务行政诉讼为纳税人权利的救济设立了两个渠道，保障了纳税人人身权、财产权的实现；通过内部监督和外部监督，在纠正税务机关违法或不当的税收征管行为的同时，约束税收征管行为，促使税务机关依法行政。在裁判文书网中以"税务行政管理（税务）"为案由并以"税收+行政案件"为关键词进行搜索，结果如图6-3所示；2020年税务行政诉讼案件分布于全国31个省级行政区，2019年案件量为0的西藏和青海也分别有6起和1起案件；复议结果为维持原结果以及诉讼结果为税务机关胜诉的比例较高（见图6-4和图6-5），这说明纳税人较少也较难通过税务行政诉讼获得救济。

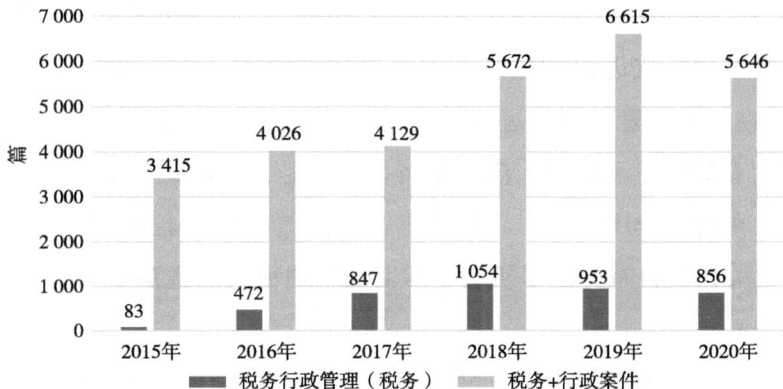

图6-3 税务行政管理裁判文书数量

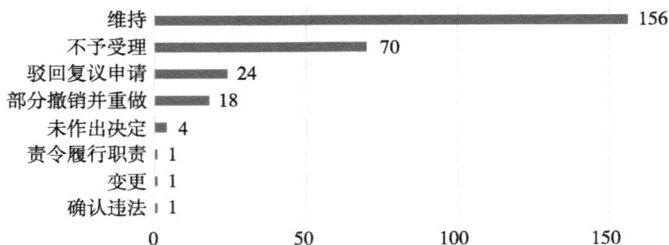

图 6-4　2020 年税务行政案件前期复议结论

（注：部分经过行政复议的税务行政诉讼案件其行政复议结论不详）

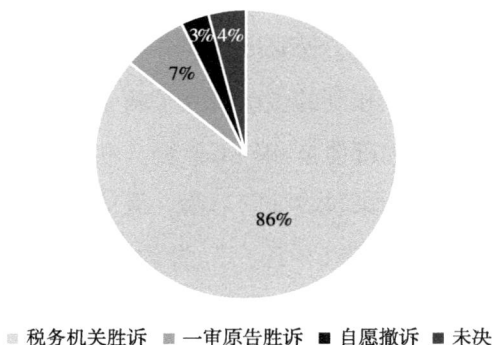

■ 税务机关胜诉　■ 一审原告胜诉　■ 自愿撤诉　■ 未决

图 6-5　2020 年复议机关作出维持决定的争议案件裁判结果

（一）"双重前置"程序的制度劣势

《征管法》第八十八条第一款①规定纳税人在利益受到不当侵害时，享有行政复议和行政诉讼的权利，但需要缴纳税款（即先履行清税前置程序），并且复议前置（即先进行行政复议）才能提起行政诉讼。"双重前置"规则有效防止了纳税人滥用救济权，但是，"清税前置"将一部分纳税人排除在救济程序之外；"复议前置"虽然增强了救济程序的专业性，给税务机关自纠自查提供了机会，却增加了纳税人的救济成本。图 6-6 展

---

　　① 纳税人、扣缴义务人、纳税担保人同税务机关在纳税上发生争议时，必须先依照税务机关的纳税决定缴纳或者解缴税款及滞纳金或者提供相应的担保，然后可以依法申请行政复议；对行政复议决定不服的，可以依法向人民法院起诉。

示了"双重前置"程序的成本。

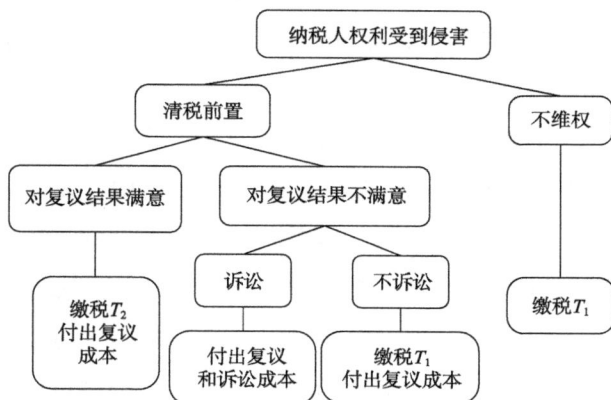

图 6-6　"双重前置"程序的成本分析

　　"清税前置"规则有违公平原则和比例原则。纳税人行使救济权利之前要缴纳税款或提供担保，从而实现财政目标及防止非必要税款流失、保全国家财政利益、保证国家机器正常运行的目的。该规则将债权债务关系嵌入司法救济过程中，将纳税人作为债务人，将征税机关作为债权人，二者对立，加剧了双方天然的地位差距。"清税前置"为权利救济打上了价格标签。在行使救济权之前，双方的争议点为税款缴纳额（含不缴纳），具有或然性，而"清税前置"使缴纳税款成为实然。纳税人通过失去对税款的占有换取了获得救济的权利行使资格。而当救济利益实现，纳税人的损失可以获得弥补，纳税人履行"清税前置"程序、寻求救济就是有效的，过程中由于税款利息和救济成本（包括企业运行成本、诉讼成本等）的存在，纳税人往往因为前置程序而在受到不法侵害时，衡量财产情况，选择做出理性行为，而非直接寻求救济，监督公权力的正义行使。因此，表面上，纳税人一旦启动救济程序，税务机关不能退出博弈，实际上纳税人的主动权受制于参与博弈的成本，税务机关处于垄断地位。

　　"复议前置"规则基于对纳税争议处理效率的追求，为税务机关提供改正自身错误的机会，提高了容错率；为复杂的税务行政案件的处理提供了具备税务知识的税务机关人员把关的渠道，增强了纳税正义救济程序的专业性，降低了法院的司法成本。然而，如前所述，"复议前置"规则加剧了征纳双方的不平等。如果说税法解释中，执法者和立法者的角色重合，导致税务机关在解释自己制定的规则时，难免做出"有利于国库""有利于自己"的行为的话，那么在税务行政复议中，复议者和被复议者的角色重合更容易出现同类行动，使审理处于缺乏独立性的困顿中。甚至税务机关可以通过垄断地位延长争议解决时间，从而增加纳税人的救济成本，阻碍救济程序的正常运行。因此，税务机关可以通过内部监督的方式进行自查自纠，这并非设立"复议前置"的充分必要条件；而税务正义的复杂性和专业性可以通过借鉴知识产权法庭的司法经验设立税务法庭，降低税收征管风险，化解征管矛盾，提高税收司法水平。

（二）税收公益诉讼的现实障碍

传统的民事诉讼制度主要用于解决私人间的民事纠纷和救济私人权益，但却无法惩治和遏止侵害公共利益的行为，因此，传统诉讼框架显得并不完备。随着社会治理理念和模式的更新，民事诉讼法应逐步承担更直接和广泛的社会治理职能。而公益诉讼是公民参加国家事务管理的新途径。我国公益诉讼制度在部分法典中有所呈现，尤其是 2017 年修订的《中华人民共和国民事诉讼法》第五十五条指出，享有诉讼权的机关和有关组织可依法对污染环境、侵害众多消费者合法权益等行为提起公益诉讼。检察院可以在没有法定的机关和组织或者其不提起诉讼的情况下，对损害公益的行为提起诉讼。法定机关或者组织依法提起诉讼的，检察院可以支持。现在，环境、消费者公益诉讼已具备了一定基础。虽然已有 20 多个省份探索开展了税收公益诉讼，但公益诉讼制度还未完全建立，在实践中依然面临许多问题。

首先，诉讼指向公共权力部门，个人行使诉讼权利较难实现。就类型化思路来看，民事公益诉讼是法定机关和公民为了维护国家、公共利益依法对违反民事、经济法律法规，造成损害的行为人提起诉讼；行政公益诉讼是以公共利益为目的进行的行政诉讼。一般情况下，税收公益诉讼原告并非基于自身课税处分的合法性、合理性提起诉讼，而是以公共利益为导向，向公共权力部门提起诉讼，属于以公共利益为目的进行的行政诉讼。我国《行政诉讼法》第二十五条将检察机关界定为行政公益诉讼的唯一主体，个人无法行使行政公益诉讼。2006 年的"纳税人诉讼第一案"中，湖南农民蒋时林起诉财政局违法购车，是对公权力超出预算违法使用财政资金的行为提起诉讼，虽然该案因法院作出了"不予受理"的裁定而未能进入司法程序，但该案具有维护纳税人财产权利的实践意义；2012 年大学生申请公开事故现场"微笑局长"工资被拒绝后起诉"不作为行为"，最终撤诉，但造就了"网络反腐第一案"，"微笑局长"①被查办；2014 年李娜澳网夺冠后，湖北省政府奖励其 80 万元，庞琨律师申请信息公开，列明法律依据、资金来源和审批流程，希望财政支出能符合法律，也符合社会伦理和价值导向，湖北省体育局负责人作出解释②；2017 年范学顺与郑州市二七区国家税务局税务行政管理一案中，法院以其不属于公益诉讼主

---

　　①　2012 年 8 月 26 日，陕西省包茂高速安塞段发生特大交通事故。陕西省安监局原局长杨达才面带微笑出现在事故现场的新闻图片引发网友愤怒声讨，网友又"人肉搜索"出杨达才佩戴名表的各类图片。随后这位"微笑局长"在不同场合佩戴多块名牌手表的图片在互联网上被广泛转载。鉴于陕西省安监局党组书记、局长杨达才在"8·26"特别重大道路交通事故现场微笑的不当行为和佩戴多块名表等问题，陕西省纪委高度关注，及时进行了认真调查。陕西省西安市中级人民法院于 2013 年 8 月 30 日公开开庭审理被告人杨达才受贿、巨额财产来源不明一案。2013 年 9 月 5 日，陕西省西安市中级人民法院对杨达才案作出宣判，杨达才因犯受贿罪、巨额财产来源不明罪，两罪并罚，被一审判处有期徒刑 14 年。

　　②　湖北省奖励"衣锦还乡"的李娜 80 万元后，深圳律师庞琨向湖北省政府申请信息公开，希望公开奖励李娜 80 万元的法律依据、资金来源和审批流程。"财政支出的宗旨是为民生和公共利益，如果不明不白就不符合财政支出的原则，所以我希望政府能够公开奖励的法律依据。"庞琨说。他还对奖金支出的合理性表示质疑："作为职业运动员，这么奖励没有那么大的合理性。李娜澳网奖金 260 万美元，她并不缺钱。希望财政支出能符合法律，也符合社会伦理和价值导向。"

体为由驳回起诉①。

其次，税收公益诉讼对纳税人权利体系和保障制度完善程度要求较高。从现有的公益诉讼制度来看，诉讼主体一般为社会组织，因此，纳税人诉讼在未来的制度设计上也应当由相关组织提起，这样可以保证公益诉讼模式保持一致的需要。从我国法治发展的经验来看，需要遵循循序渐进的方法，首先建立纳税人公益诉讼制度，为其提供法律土壤，这样还可以破解我国维护纳税人权益社会组织较少的局面。与此同时，法律制度的完善、税收征管制度的改革以及税收法定原则的落实也有助于协同合作，实现纳税人权利的有效保障。

最后，检察院承担维权职责较重。2018年"两高"制定的《关于检察公益诉讼案件适用法律若干问题的解释》中明确检察机关行使公益诉讼权，有助于维护社会公平正义，维护国家利益和社会公共利益。因此，检察机关扮演了"监督者"与"协作者"的双重角色。而行政公益诉讼线索很难发现，往往是在刑事案件之后才能显露，这就增加了检察院承担税务公益诉讼职责的难度。

---

① 范学顺在金鑫珠宝店购买钻石吊坠后，向郑州市二七区国家税务局举报金鑫珠宝店未依法为其开具发票，要求国税局在查清未开发票金额后依法处罚和奖励，并书面告知其处理结果，但国税局除要求金鑫珠宝店补开购物发票并对该行为处罚后，未对珠宝店采取其他调查和处理措施。范学顺提起行政诉讼，要求税务局撤销原处理决定，并按其举报事项依法履职。

第三部分

纳税人权利保护路径的比较分析

　　以纳税人权利保护的驱动力为依据，可分为仅中央政府提供驱动力的单一保护与多部门联动的综合保护模式；以纳税人权利保护的制度渊源集散情况为依据，可分为多部门法律法规提供制度渊源的分散模式与纳税人权利保护专门法提供渊源的集中保护模式。本部分将对两对模式进行比较分析，选择适应我国国情的保护模式；通过比较其他国家或地区的制度，为我国纳税人权利保护路径的选择提供重要指引。

第七章

单一保护与综合保护的供给需求分析

经济发展与社会进步是政府与市场通过制度运行双向协调的结果。供需匹配研究是制度经济学中一种检验制度运行规范性与有效性的重要方法，力图寻求一个制度供给与制度需求最为吻合的供需均衡点。根据纳税人保护制度供需与作用机制图（见图7-1），纳税人权利保护制度的供需均衡，系通过政府有效决策的达成与行为的实施，顺利实现纳税人权利被保护的目标与效益，保护制度的供给适应保护路径的规范需求，既不存在行为冲突与重复，也不存在漏洞。

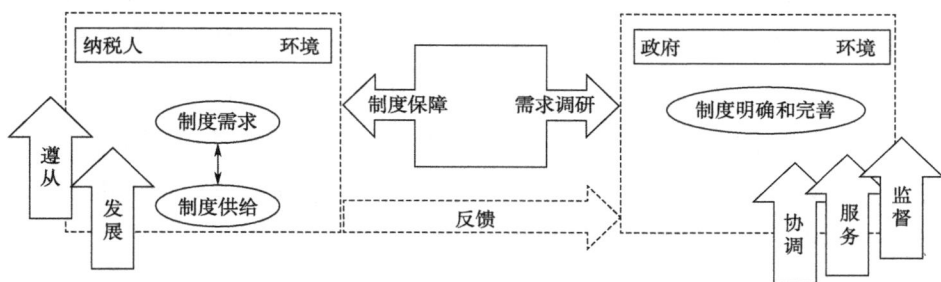

图7-1　纳税人保护制度供需与作用机制

分析纳税人权利保护的制度需求要从两个方面入手，即法治国家建设内在体系的外显需求和税收法律体系融贯性需求。立法例和内在体系的外显、体系融贯性的要求存在紧密的关联，虽然这两个理论的出现时间存在差异，理论基础也有区别，但是共同的目标是克服概念法学的僵硬性，从而为法官解决疑难案件提供更多的价值指引。两者相互影响、相互促进。

纳税人权利保护制度供需匹配情况的研究对制度确定、完善制度体系具有重大意义，有助于政府立于顶层设计视角进行统一规划。而制度体系的完善能更好地满足纳税人的制度需求，提高纳税遵从度。

一、综合保护更能满足法治国家建设内在体系的外显需求

国家治理涉及众多领域，是组织政府、企业、社会组织、公民个体等主体共同参与的以"国家"为治理对象的一项系统性工程，这就需要推进

行政决策科学化、民主化、法治化。法治作为治国理政的基本途径，有助于实现国家治理体系和治理能力的现代化目标。通过制度综合作用，让劳动、知识、技术、管理、资本等每个要素都成为动力源，"法"就是最关键、最具代表性的制度。习近平总书记在中央全面依法治国工作会议上强调，要坚持在法治轨道上推进国家治理体系和治理能力现代化。因此，纳税人权利保护制度需要满足法治国家建设内在体系的外显需求，以形成完善的国家治理体系，提升治理能力。

分析纳税人权利保护与法治国家建设内在体系的关系，应首先对法治评价指标搭建法治国家建设内在体系框架进行阐明。"世界正义工程"的"世界法治指数"（The World Justice Project）由限制政府权力、腐败缺席、政府公开、基本权利、秩序与安全、法规执行、民事司法（正义）、刑事司法（正义）8 个一级因子加权平均而得，但由于其调查范围过窄、政治主观性过强以及未能按照各国不同法治现状进行有区别性的评估，对我国法治国家建设参考价值较低。

香港是中国最早实施法治评估活动的地区。香港社会服务联会组织研制了"香港法治指数"，经过"归纳法治条件""收集法治指数数据""专家测评""指数计算"四个阶段，对法律的基本要素、依法的政府、不许有任意权力、法律面前人人平等、公开施行法律、司法公义人人可及和程序正义等进行考量。"台湾公共治理指标体系"涵盖本地区政经统计及国际组织统计资料、已完成的域外（公众）研究报告和专家问卷调查等 7 项一级指标，20 项二级指标，以及由主观评价与客观评价相结合的 121 项三级指标。

中国内地自"余杭法治指数"2007 年初创至今已 16 年，从最初的71.6 分上升到 2018 年的 78.58 分，引领了量化法治实践的标杆。其目标定位于"党委依法执政、政府依法行政、司法公平正义、权利依法保障、市场规范有序、监督体系健全、民主政治完善、全民素质提升、社会平安和谐"，相比香港法治指数，增加了公众满意度的调查，是地方法治的重要实践。非逐年发布的"法治昆明综合评价指标体系"着力评估社会状态、相关部门履职情况和社会公众对法治的意愿进行评估，并主动选择专业独立的民意调查组织。广东法治政府满意度评价涵盖法制建设、过程推进、目标实现、法治成本和结果满意 5 个一级指标和立法立规公众参与、公众收入、政府服务效率等 16 项三级指标。上海法治满意度指数涵盖民主政治、法治政府、司法公正、法治社会等 4 项一级指标及代表市民、政协反映民意、政府办事效率、服务态度意识和质量、审判效率、财政保障体制等 52 项三级指标。中国法治政府评估是中国政法大学开展的研究，指数涵盖了法治政府建设的组织领导、依法行政制度体系、行政决策、政务公开、监督与问责、社会矛盾化解与行政争议解决和社会公众满意度等 10 项一级指标，是跨省际、带有全国性特点的法治专项评估。由法治评估研究中心制定的包含 6 个一级指标、20 个二级指标、62 个三级指标和 168 个四级指标的法治评估体系也获得了大量关注和应用。中共中央印发的《法治社会建设实施纲要（2020—2025 年）》指出，建设法治国家需要加强组织保障，健全责任落实和考核评价机制，以此推动法治社会的建设，将群众满意度作为法治社会建设评价指标体系的重要内容，检验法治社会建设工作的成效。因此，虽然各评价体系各具特点，有效性和准确性不一，但法治评估已成为当代国家建设法治化的重要量化探索路径并构成了法治国家内在体系的框架。

综合国内外法治程度的量化可以发现，法治国家评价不仅涉及法律，而且要建立一套汲取国家治理共性、兼具中国特色社会主义特性、重视公众满意度的综合性法治国家评价指标体系（如图 7-2 所示），该体系至少包含 5 个一级指标和 18 个二级指标，并以此为据制定法律制度，推动国家治理能力现代化。

中国学界对内在体系和外在体系的研究源于拉伦茨的《法学方法论》。内在体系是由一般法律原则构成的体系。根据拉伦茨的观点，相关法律原则构成了法治国家建设的内在体系的内容，这些法律原则是具体的、细节的。外在体系是依形式逻辑规则建构的抽象概念体系，是通过秩序概念的分类和编排，在对各种利益冲突进行分析评判的基础上逐渐抽象创造出的建筑物。

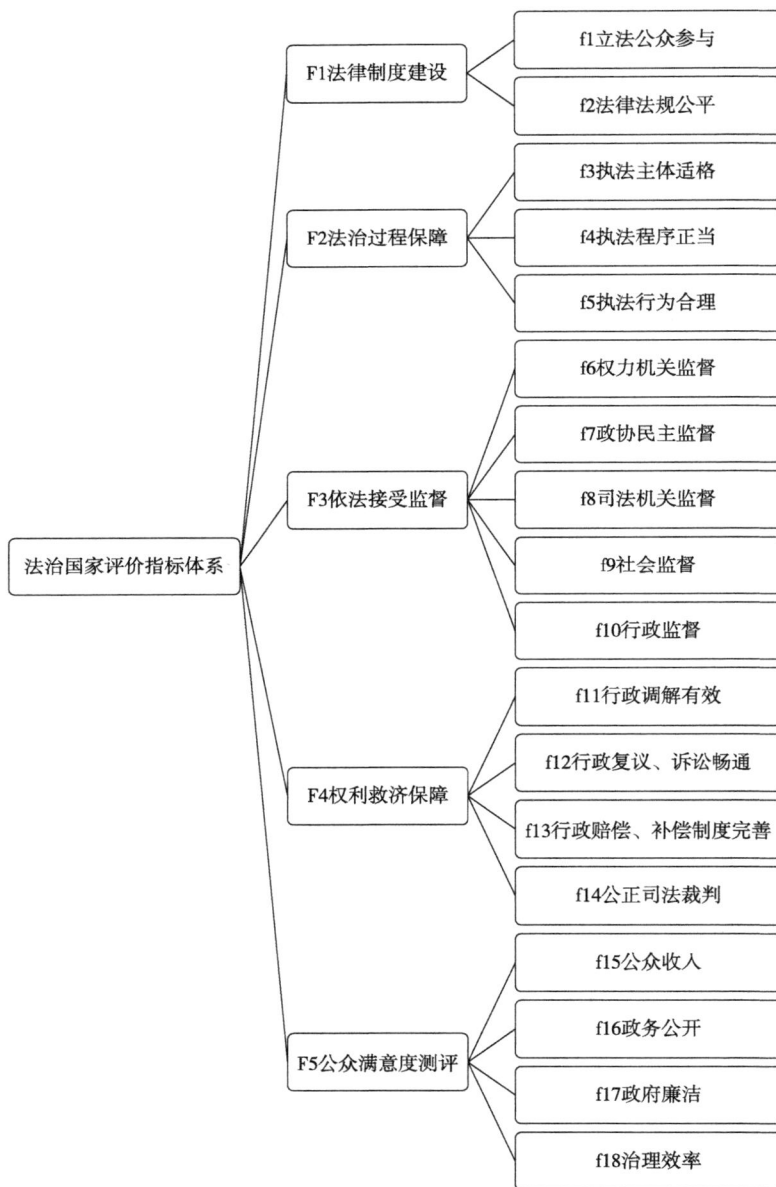

图 7-2　法治国家评价指标体系

由于纳税人权利保护是法治国家建设的重要组成部分，因此需要遵循法治国家的内在体系，即满足其外显需求。根据法治国家评价指标体系，我们可以对单一的纳税人权利保护制度和综合的纳税人权利保护制度进行比较分析：

首先，自上而下的单一保护有一定的进步意义，但其只是法治社会发展到一定阶段的产物，作用是有限的。由于发动者是理性的决策者或者精英，它不能从根本上解决征税过程中公权力扩张的问题，F1 指标的实现将受影响；由于缺乏纳税人参与，保护的深度和广度都不够充分，F5 指标的实现将受影响。

其次，基于内在体系的归纳和提炼，根据法治国家建设的逻辑规则，综合保护更有利于人民利益的实现。虽然单一保护与综合保护具有功能目标的一致性，即法治社会的建成，但单一保护模式供给中，各领域制度规范效力由中央政府赋予，适用范围各异，在施行中难免出现侧重于各部门自身的目标与内容，忽略公众反馈信息，对内在体系外显的需求满足程度较低，缺少联结其他配套法律制度的思考，f18 指标的实现将受影响。"五大发展理念"为破解发展难题、实现发展目标、根植发展优势提出了先进观点，其中的共享理念明确了发展的目的是为了人民，发展的方式要依靠人民，发展的成果要由人民共享，要注重公平、保障民生，提升人民获得感。建立在共享理念上的有效制度施行，可以提高发展动力，增强人民信心，促进人民团结[①]。

最后，就制度内容的整体性而言，综合保护模式更加符合法治国家建设内在体系的要求。根据 F4 指标，纳税人希望自己可以参与到立法立规的过程以保证公平，希望参与到社会监督过程以保证行政行为合法合理，在权利受到侵害时，希望获得快捷有效的救济和赔偿（补偿），同时在征纳行为发生过程中，还要保证自己的财富有所增加。这里的财富增加并非

---

① 参见中国共产党第十八届中央委员会第五次全体会议精神文件。

数字或严格意义上的金钱，而是在交易过程中全部被估价的物体的总和，既包括有形物体，也包括无形的物体，如公共产品和服务等。

二、综合保护更能满足法律体系的融贯性需求

融贯理论是哲学领域中解决认识论难题的重要工具，它出现在内在体系理论后，经由法学方法论进一步发展，融贯理论与内在体系的外显存在高度暗合。融贯性包括积极方面与消极方面。逻辑一致性可以促进体系的融贯，但并不是唯一前提，逻辑一致性与体系融贯互相不为充分必要条件，此为消极方面。融贯性的积极方面是指体系的内容完整、聚合，即整全性和内聚性，同时完整和聚合的完美性就是融贯性的程度。这三个特性、两个方面构成了融贯性的三位两面一体格局。融贯理论与内在体系理论相辅相成。由于立法者的有限理性、信息不对称以及社会发展的动态化，在没有法律规范或参考案例的情况下，融贯理论与内在体系理论为疑难案件提供了解决依据。

我国纳税人权利保护法律体系是由《宪法》确定根本原则，由现行全部税收法律规范确定具体内容，由空白授权及各级文件相关规定作为补充，以推进国家治理体系和治理能力现代化为目标，以《公告》为重要标志的法律制度。单一保护与综合保护模式要满足纳税人权利保护法律体系的融贯性需求。

从消极方面分析，二者在理想状态下都可以实现保护体系的逻辑一致性。证立的过程中，最重要的是找到一个价值的融贯。单一保护模式是一种自上而下的保护，理想状态下，应该是"上行下效"的。综合保护是一种多领域联动的保护，理想状态下，应该是和谐发展、步调一致的。不过，逻辑一致并不代表价值取向一致，进而不一定代表体系融贯；融贯的体系有可能有逻辑不一致的地方，更重要的还是要分析内聚性、整全性以及二者的完美性。

从积极方面分析，综合保护体系融贯性程度更高。一方面，综合保护

体系具有更强的内在聚合性。税法是国家对人民财产加以干预的依据，同时也是分配公共财政负担的依据，因此，政府希望税法具有合法性、合理性和可接受性。综合保护的驱动力是多方的、循环的、双向的，正如纳税人保护制度供需与作用机制（见图7-1）和法治国家评价指标体系（见图7-2）所示，综合保护模式发挥人大、行政、司法、审计和社会监督作用，更具系统性和结构性，在规范目标整合性方面能够把握全局。这样可以更加详细地规定制度设计的所有事项，增强制度弹性，并随着实际经验和科学技术的发展而同步更新。另一方面，综合保护体系具有更强的整体全面性。由于税法的特性，一方的主体一定是国家或者代表国家的征税机关，主体的强大有可能造成纳税人权利处于被忽略的境况。综合保护体系有助于遏止公权力的扩张与限制。由特定阶层发动、国家制定政策，无法避免公权力的扩张。例如，1994年的税制改革中，纳税人权利保护采用的是单一保护模式，导致法律规则具有权力本位的色彩。综合保护体系提升了纳税人参与的深度与广度。单一保护模式下，规则无法兼顾双方利益，纳税人会出现没有概念、没有意识、没有感觉的情况，漠然以对，缺乏被保护人的参与和意见。同时，纳税人的有限理性使其极易为了追求收益最大化而做出纳税不遵从的行为。而不融贯的体系往往表现出一种专横，这更削弱了纳税遵从意识。

第八章

分散保护与集中保护的成本效益分析

成本-效益分析（cost-benefit analysis）是一种通过比较某个行为的全部成本和效益来评估价值的经济分析决策方法。在政府部门计划决策的过程中分析成本费用，有助于寻求在投资决策上以最小的成本获得最大的收益。因此，成本效益分析常用于评估需要量化社会效益的公共事业行为的价值。法经济学中可以将经济分析中的"效益"作为衡量法律规则的重要标准，从而利用利益博弈结果论证法律制度，做出最优制度选择。罗宾·保罗·麦乐怡认为，法律的经济分析是通过成本效益及经济效率分析，就法律事实的结果得出结论，并对特定的法律安排的社会价值作出评价。在法律制度的分析中，如果实施该制度获得的收益大于付出的成本，那么该制度的制定与施行就是合理的，亦即该制度是有效的；反之则不合理，制度无效。

纳税人权利保护需要成本，组织良好、资金充足的司法体制以及有能力、正直、薪水充足的国家工作人员都有助于纳税人权利的实现。纳税人的缴税行为使国家天然形成了保护纳税人权利的义务。用 C_X 表示纳税人承担的纳税人权利保护的总成本，根据生产依据的不同，分为实际成本、计划成本及机会成本。用 C_{X1} 表示纳税人承担国家保护纳税人权利的实际成本，指的是纳税金额，是实际发生的历史成本，在交易或事项发生时是固定的数据，不会因为时间或空间的变化而改变。用 C_{X2} 表示纳税人行使权利所支付的计划成本，是尚未实际发生，根据一定资料预先估算的成本。用 C_{X3} 表示纳税人行使权利所支付的机会成本，指为从事某项活动而放弃另一项活动的机会，或利用一定资源获得某种收入时所放弃的另一种收入。

$$C_X = C_{X1} + C_{X2} + C_{X3} \qquad (8-1)$$

用 E_X 表示纳税人获得保护的总效益，分为经济效益和社会效益。用 E_{X1} 表示经济效益，指实施行为所获得的具体收益，包括个人经济效益和社会经济效益。纳税人依据法律法规获得保护的请求权，享受在征纳过程中节省个人时间和精力的服务，在诉讼中获得经济收益或补偿、赔偿等都是个人经济效益；而纳税人税收遵从度的提高所引起的财政收入的增加以及征税成本的降低则都属于社会经济效益。用 E_{X2} 表示狭义的社会效益，纳税人权利保护行为的最优解是寻求成本最小化，即在充分满足纳税人意思自治前提下的社会收益最大化。通过纳税人权利保护制度的实施对保障社会安定、促进社会发展和提高人民福利方面的作用就是社会效益，比如纳税人满意度的提高[1]、就业质量的提升[2]和医疗卫生情况的改善[3]等。

$$E_X = E_{X1} + E_{X2} \tag{8-2}$$

当纳税人意识到政府要求其缴纳的保护纳税人权利的成本过高，但获得的保护力度不足时，纳税人就会拒绝支付成本。当政府意识到纳税人所付成本太低而无法提供足够的公共产品或服务时，政府只能降低公共产品或服务的质量和数量。因此双方需要博弈均衡。

除了从抽象全面的角度计量纳税人权利保护的总成本，还可以从具体细节的角度计量纳税人权利保护的单项成本。用 $C_{L\delta}$ 表示某项权利 δ 的立法成本，指专家、调研、论证成本等。用 $C_{Z\delta}$ 表示该权利的执法成本，指税务行政机关保护纳税人权利支付的人力物力。用 $C_{S\delta}$ 表示司法成本，指法官人力、司法制度的运行和司法裁判的执行成本等。用 N_δ 表示受保护的纳税人行使 δ 权利的总次数。

$$\overline{C} = \frac{C_{L\delta} + C_{Z\delta} + C_{S\delta}}{N_\delta} \tag{8-3}$$

就纳税人权利保护法的渊源而言，主要有在现有法律体系中分散地增加纳税人权利保护相关条款与集中进行纳税人权利保护专门立法两种途径。据此，以纳税人权利保护的制度渊源集散情况为依据，可分为多部门

---

[1] 通过中国税务年鉴编辑委员会发布的《中国税务年鉴》获知纳税人满意度调查的结果。

[2] 通过中华人民共和国人力资源和社会保障部发布的《人力资源和社会保障事业发展统计公报》获知就业相关情况。

[3] 通过中华人民共和国国家卫生健康委员会定期发布的《全国医疗服务情况》获知医疗卫生相关情况。

法律法规提供制度渊源的分散模式与纳税人权利保护专门法提供渊源的集中保护模式。

一、分散保护的成本大于集中保护

中共中央办公厅、国务院办公厅 2021 年 3 月印发的《关于进一步深化税收征管改革的意见》对未来税收征管改革进行了顶层设计和长远安排，其指导思想要求着力建设以服务纳税人、缴费人为中心的智慧税务，深入推进精确执法、精细服务、精准监管、精诚共治，大幅提高税法遵从度和社会满意度，明显降低征纳成本。

从抽象层面分析纳税人权利保护，分散保护的总成本大于集中保护。交易费用就是"制度成本"，重新安排制度有助于减少交易费用。纳税人要求国家保护其权利，需要缴税，这是必要成本。纳税人行使权利时付出的计划成本是根据保护模式中的法律制度计算出的。分散保护的模式容易出现缺乏长远考虑和整体设计的情况，在施行过程中尚需制定更多的应对性分散立法或条款，来弥补法律漏洞或通过司法解释加以明确，计划成本较难测量，并且由于政府需要明确具体制度的施行规则，因此会存在较高的机会成本。

从具体层面分析纳税人权利保护，分散保护的单项成本大于集中保护。其一，征税同意权的交易成本考量。纳税人征税同意权实质上是纳税人同意征税者享有对自身一部分财产的支配权。根据科斯定理，在交易成本很小或者为零的情况下，只要财产权是明确的，无论权利如何赋予，都可以通过市场交易实现资源配置的帕累托最优，市场均衡的结果都是有效率的。在现实交易成本存在的情况下，使交易成本最小化的法律将是最合适的。根据波斯纳的相关论述，当交易成本过大时，权利应该赋予最珍视它的人。在现行法律体系的分散保护模式下，需要在宪法、征管法及其他法律法规中分别讨论征税同意权的交易成本，这就导致交易成本将是叠加的。因此，集中专门化立法可以有效降低交易成本。其二，二者在立法过程成本中的考量。迄今为止，《宪法》仅修订过 5 次，《征管法》修订过 3 次，《行政诉讼法》修订过 1 次。法律规范的制定、颁布、施行和修订往往需要广泛征求各界意见，吸取社会各个阶层的建议，并进行充分调查、研究和论证。显然，分散立法会在所有税收相关的立法活动中均投入成本。该成本是征集意见、开展调研、综合结果、专家论证、立法听证等各流程的时间成本和经济成本总和。因此，从立法过程的运行成本角度考量，分散保护成本较大。其三，二者在法律知情成本中的考量。税收知情权保护的成本包括获取税收立法知识的学习成本、立法计划和结果公布的办公成本和信息传播成本等。在社会科技水平、信息水平、纳税人自身素质水平达到一定高度后，该部分成本会有所下降，但是很难达到零。那么在分散保护的情况下，知情成本相比集中专门化保护要高昂得多。其四，在保证法律施行公正性上的维护成本考量。"市场规则的管理者都是理性经济人"的论述否定了利益需求的存在，无法回答"政府失灵"的原因和解决办法。因此，各级政府容易出现追求自身效用最大化的情况，从而追求体制规模最大化、效用最大化。为使法律制度得以公正施行，充分保障其作用的发挥，需从多方面加强对法律实施的监督。综合立法与分散立法在该阶段均存在监督成本，而集中保护可以减少部门间责任的推诿，从而降低监督成本。

二、集中保护的效益大于分散保护

法律制度的生效，会使资源进行重新配置，在这一过程中，将不区分级别、规模、类别、水平地对政府、市场、企业和个人带来影响。因此，在法律颁布前，要科学地对立法的成本与收益进行经济可行性分析，包括就业、物价、经济增长、财政、环境和生态等。

从个人效益方面来看，集中保护的效益更高。首先，经济领域的立法往往希望通过运用法律制度解决市场失灵的问题，加强市场干预的结果。但法律制度作用有限，并不能有效解决所有实践性问题。分散立法容易造成社会资源的浪费和行政权力的扩张。立法成本的运用需要通过政府解决问题，通过市场解决的问题不需要立法，这样可以避免低效的成本运行。集中立法有助于贯彻立法谦抑的思想，明确管理和市场的界限，避免多方权力相互影响和追求最大化，从而造成个人效益的损失。

其次，专门化立法有助于设立集中统一的监督机构，提升监督效率，达到"最优威慑"。税收机关违法征税的行为，与犯罪相同。违法行为会给社会带来损失，制止违法行为需要耗费资源，因此要有最优违法数量，既起到威慑作用，又最大限度地压缩成本。如图 8-1 所示，征税违法行为数量将无限接近于 0，随着征税机关违法行为减少的数量逐步增多，纳税人边际收益 MR 呈下降趋势，付出的监督成本 MC 呈上升趋势。当 MC = MR 时，达到"最优威慑"。专门化立法有助于在现有成本水平的供给下，提升监督效率，更有效地降低违法行为数量。

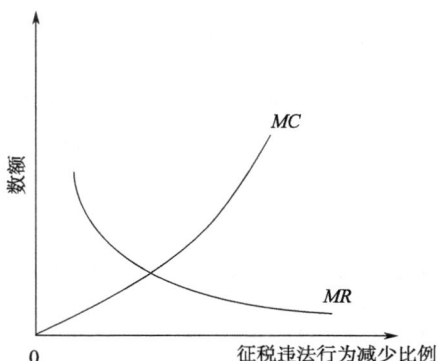

图 8-1　成本收益与征税违法行为数量间的关系

最后，专门化集中立法有助于促进纳税人进行税收筹划。税收法律体系可以通过压缩和扩大税收筹划的空间，从而控制产业发展的速度。如前所述，多部门法律法规提供制度渊源的分散保护模式减缓了纳税人个体经济的发展，增加了纳税人的机会成本。集中保护可以为纳税人提供全面、富裕的税收筹划空间，促进纳税人管理水平、投资能力的提高，优化投资结构，从而做出最优决策。

从社会效益方面来看，专门化立法的集中保护模式效益更高。分散立法易出现责任主体规定不明、不同主管部门交叉执法等现象，引发监管者与行为人之间的博弈，使得预期收益下降。实践中，分散保护的渊源位阶不同，部分基于空白立法，难以填补纳税人权利保护专门立法的缺位。如果诉讼本身不能解决问题，纳税人就不会诉诸司法途径进行权利救济，诉讼将失去存在的价值，纳税人也将对司法失去信心。《公告》《国家税务总局关于加强纳税人权益保护工作的若干意见》相继颁布施行后，纳税人权利备受关注。但这些都是指导性文件，法律位阶和效力较低，不能被司法裁判适用。

税收法律制度每年都会进行修改与完善，税务机关致力于提升办税效率，因此，税务年鉴中纳税人满意度呈逐年上升趋势（如表8-1所示），并且在国地税合并时获得飞跃。随着纳税人权利的觉醒，对专门立法保护模式的呼声也不断升高。结合前述调查问卷结果可知，纳税人权利保护专门立法可以满足纳税人的保护需求，整合不同部门之间的意见和资源，在维护法律体系完整性的同时，促进多方协同保护，为司法裁判提供法律依据。

表8-1　2014—2019年纳税人满意度得分情况

年份	2014	2015	2016	2017	2018	2019
国税部门纳税人满意度得分	82.60	82.81	83.69	82.53	84.82	84.42
地税部门纳税人满意度得分	81.50	81.57	83.52	81.45	—	—

制度是一种社会博弈，决定了行为主体面临的激励。良好的制度可以降低市场交易成本，提升资源配置效率。在分析税收的社会效益的时候，我们通过帕累托改进和卡尔多-希克斯改进两种方式来表达。实际上，福

利经济学的哲学基础是边沁的功利主义原则，代表人物意大利经济学家帕累托主张，政府管理活动的最理想状态是：不损失其他人的利益而至少使一个人获益，但这种理想主义的改善是不存在的。因此，该理论无法为行政立法或者公共决策提供相应的指导。约翰·希克斯对帕累托的理想主义状态进行了完善。希克斯认为，即使某项制度的施行会产生一定损失，但只要该制度产生的收益大于损失，该制度就是符合帕累托效率要求的；同理，在成本效益评估中，多项制度的施行收益大于损失，并且长期施行叠加的效果对社会有利，按照帕累托效率要求，就应该被认定为合格政策。根据卡尔多-希克斯的理论最终关注的多次或者长远的实施效果，集中立法保护的方式虽然在短时间内需要更加专业地"系统性创建一部纳税人权利保护专门法律"，具有短时阵痛，但从历史发展的角度分析，其影响了更多人群，对税收制度中的其他内容具有长期的、正向的影响，那么，这种立法模式的总和效果或者对公民的影响就是正向的。这样的权利保护的改善就是潜在的帕累托改善。

第九章

国内外纳税人权利保护制度分析

一、国内外纳税人权利保护制度供给

如前所述，税收治理的终极目的是增加全社会每一个国民的福祉总量，但是由于各自历史阶段、文化认同、管理理念、经济基础等自然禀赋和具体情况不同，在实践中往往呈现出策略各异的情况。国外发达的纳税人权利保护制度，厘清了国家征税权和私人财产权间的界限，消除了纳税人对国家参与收入再分配的抵触情绪，为我国构建纳税人权利保护制度提供了借鉴。虽然，正如一位学者所说，现代治国理政从历史中汲取智慧可分为四个层次，四个层次均有走入歧途的可能①，但总体而言，"他山之石，可以攻玉"，将历史经验本土化、现实化势必有利于发展。

西方发达国家对纳税人基本权利的规定呈日益具体和完善的趋势。权利内容包括程序性权利和实体性权利，涉及纳税行为发生前、进行中和完成后的全过程。反观我国的纳税人权利保护制度，在权利内容的完善程度和权利实现的保障机制方面还存在不足。总结西方发达国家的法律经验可知，税收制度是历经几百年才达到现在的程度，并且还在持续完善中。其制度相对成熟也在情理之中，更揭示出税收制度是一个不断发展进步的过程，不能争一朝一夕，更不能一蹴而就。

自 20 世纪 80 年代以来，纳税人权利在西方社会三次税制改革浪潮中，逐步获得全球性的普遍关注和重视。由于地域性法律传统和法律渊源各异，世界各国家和地区对纳税人权利保护的法律规定不尽相同。作为向国家提供经济支撑和改革驱动力的纳税人，其纳税意愿和遵从程度深刻影响了国家的治理结果和发展状况，因此现代国家往往不再采用简单粗暴的征税模式，而是试图通过协商合作、尊重主体的途径，获得纳税人的支持和认可。许多国家、组织或地区先后以"纳税人权利宣言""纳税人权利

---

① 历史学者刘文瑞在《历史中汲取治国理政智慧》一文中提到了现在治国理政从历史中汲取智慧的四个层次：方法和技巧上的模仿，寻求历史借鉴，提高理性认知水平以及增进人类的智慧。

宪章""纳税人权利保护法案"等方式提出纳税人权利保护的专门法律法规内容，逐渐加大对纳税人权利保护的力度，并尝试以立法明文化和专门化的方式进一步落实。在全球化的影响下，这一国际形势对于中国纳税人权利保护体系的建立而言有积极的意义。

首先，很多西方国家通过"宪章""宣言"的形式确立纳税人权利保护专门内容。英国统治加拿大的历史造就了对其文化的浸润。自 1982 年开始，加拿大才有完整的自主立法权。1985 年，加拿大颁布了《纳税人权利宣言》（*Declaration of Taxpayer Rights*），虽然该宣言并没有法律地位，但是它却极大地影响了征税部门对待纳税人的态度，赋予纳税人广泛的权利①。除此之外，加拿大在《所得税法》等法律中规定了很多具体详尽的程序性权利，以达到保证纳税人权利顺畅实现的目的。

英国政党政治的发展状况造就了其税收立法权由执政党控制的局面。英国于 1986 年颁布了《纳税人权利宪章》（*Taxpayer's Charter*），该宪章与加拿大的《纳税人权利宣言》具有内容和体例的相似性②。相比美国、加拿大对纳税人权利的相关规定，英国还要求税务部门以提升税务征收效率为目的，对不同类型纳税人的征纳成本进行区分，并具体体现在"纳税成本最小化"权利的内容中。2009 年英国发布的《您的宪章》进一步拓展了纳税人的权利③。然而，英国税法反映出执法机关与立法机关身份重合的情况，使官僚机构获得了立法权力，违背了该国确立的权力分立原则，

---

① 主要包括：（1）获得公正听审和法庭裁判的权利。（2）有权知道各项法律的权利。（3）要求权利受到尊重的权利。（4）有权要求法律公正实施的权利。（5）有权得到礼貌与周到待遇的权利。（6）获得诚实推定权。（7）要求依法保护隐私与机密权。（8）有权选择官方语言服务权。

② 主要包括：（1）获得税收管理服务权。（2）获得征税机关礼貌服务、体恤谅解和专业对待的权利。（3）税收咨询权。（4）隐私权和信息保密权。（5）申请行政复议权。（6）公平听证权。（7）不受歧视的权利。（8）税收委托代理权。

③ 主要包括：（1）被尊重的权利。（2）被帮助、支持正确履行纳税义务。（3）被假定诚实。（4）被公平对待。（5）享受专业、正直的服务的权利。（6）要求税务机关打击制裁故意违法及曲解法律行为的权利。（7）隐私权和信息保护权。（8）降低纳税成本权。（9）委托代理人权。

产生了一系列问题。

　　意大利纳税人权利保护所面临的问题与我国有很多相似之处。该国《纳税人权利宪章》（*Statuto del Contribuente*）出台之前，由于税率较高、程序负担以及遵从成本的高昂等原因，公民与税务行政部门之间的关系十分紧张。随着 OECD 国家陆续颁布纳税人宪章、法案或宣言，意大利立法部门最终在 2000 年以批准《纳税人权利宪章》的方式成功为纳税人权利[①]保护打下了坚实基础。该宪章的目标在于通过简化税制，实现透明财政，构建稳定税收制度，从而降低纳税人遵从成本，重新定义征纳双方关系，解决因国库利益至上而导致的纳税人保护缺失的问题。

　　一直以来，韩国实行日本殖民承袭的税制，1948 年 10 月，韩国成立了税制改革委员会，现代税制正式在韩国扎根。1987 年，韩国最后一次对宪法进行修改，形成了《第六共和国宪法》，该部宪法全面保证了《国税基本法》《纳税人权利宪章》等法律的制定施行。韩国于 1997 年制定并颁布《纳税人权利宪章》，简要规定了税法领域的基本问题，强调优化税收征管体制，对纳税人建立充分的信任，保护纳税人平等权、隐私权等，特别指出在税法解释和适用上，需要坚持维护纳税人财产权益的基本原则[②]。由于《纳税人权利宪章》的实务操作性有待提高，韩国国税厅在 1999 年推行了"纳税人保护官制度"以专门负责纳税人权益的保护，该制度是指

---

　　① 主要包括：（1）纳税人的信息权；（2）法律内容和理由的清晰；（3）纳税人的财产权；（4）特殊情况下，延长履行税收义务的期限；（5）信赖和诚信保护；（6）纳税人的事前裁定权利；（7）遵循要求和限制进行税务调查和检查；（8）纳税人权益保护人制度；（9）居住在境外的纳税人获取与纳税相关信息的权利等。

　　② 根据该宪章，韩国纳税人享有以下 7 种权利：（1）纳税人应被认定是诚实的，提供的纳税资料应被认为是真实的。（2）除法律规定的特殊情况外，税务部门在税务调查前应通知纳税人并告知调查结果；在遭遇不可抗力时，纳税人有权申请调查延期。（3）纳税人在接受调查时有权要求专家协助，除法律规定外，有权拒绝重复调查。（4）纳税人的隐私权，税务人员不能泄露纳税信息。（5）纳税人有权要求税务机关提供相应信息以行使法定权利。（6）纳税人权益受侵害时有权申请救济。（7）纳税人受公正待遇的权利。

税务部门在履行职责过程中存在侵害纳税人权益时，由税务部门自行纠正以保护纳税人合法权利的专门行政检察官制度。

此外还有法国 1975 年颁布的《纳税人宪章》，澳大利亚 1997 年颁布的《纳税人宪章》（该宪章于 2003 年重新修订并颁布）等。

其次，部分国家和地区通过"法案""法律"等形式颁布纳税人权利专门法。有人认为美国南北战争的起源是税收问题。美国国会自 1913 年开始获得了征税的权力。虽然判例法是英美法系法律的重要渊源，但美国税收领域的立法却是成文法，具有强烈的独特性。

目前，美国税收领域的基本法是 1986 年的《国内收入法典》（*Internal Revenue Code*），该法涵盖的内容、规范的数量及文字的复杂性都堪称世界之最，该法自制定以来每年都会进行修改。此外，美国税收法律体系中广泛分布着纳税人权利保护的相关条款，"纳税人权利法案"是最主要的体现。1988 年，美国国会通过了第一部"纳税人权利法案"。该法案是《专业和杂项收入法》（*The 1988 Technicaland Miscellaneous Revenue Act*）中的重要部分，其目的在于通过规定税收征纳过程中纳税人与美国国税局（Internal Revenue Service，IRS）的权利义务，实现征纳双方的平衡①。1996 年，美国国会通过的"纳税人权利法案"（Public Law 104—168）就征税案件相关的限额、第三人申报涉及的问题以及"纳税人呼告"制度等进一步明确了纳税人的权利②。

---

① 主要包括：（1）知情权。（2）征收会面的录音权。（3）税收咨询权。（4）税务委托代理权。（5）信赖权。（6）申请保护权。（7）应禁止以职员执行的结果来衡量其业绩。（8）延期纳税权。（9）获得服务权。（10）获得补偿权。（11）诉讼并获得赔偿的权利。

② 主要包括：（1）在税收征收案件中，律师费与损害补偿的限额有所突破。（2）因第三人错误填写纳税人"资料的申报"对纳税人造成负面影响的，纳税人可以对该第三人提起民事诉讼以求赔偿。（3）当国税局与纳税人就第三人提供的"资料的申报"产生分歧时，如果纳税人已与国税局合作，则关于"资料的申报"的准确性的证明责任由国税局承担。（4）由于因国税局职员不合理的失误或迟延导致纳税人纳税迟延的，延期税款的利息可以减少。（5）任何现行的、提议的或最终的规则在其首次印制入联邦公告之日前都不能被适用。（6）纳税人有权依据私人投递公司的邮戳为准来证明其寄送纳税小报文件的日期。（7）纳税人求助于国税局主管官员舞弊调查制度被拥有更广泛权利的"纳税人呼告"制度所代替。

1998 年，美国国会通过了第三部"纳税人权利法案"，它是"IRS 重组和改革法案"（Internal Revenue Service Restructuring and Reform Act of 1998）在标题三中呈现的内容。该法案对纳税人获得退税及利息的权利、税务法院小额税务案件的受案范围、IRS 的义务和责任等进行了明确①，值得一提的是，该法案对纳税人权利保护进行了完善与发展。2014 年，美国公布了最新的"纳税人权利保护法案"，梳理和介绍了纳税人权利②，虽然该法案实际上并不具有法案的法律效力，但仍然标志着纳税人权利制度在美国税法体系中的重要地位。多部法案逐步完善了纳税人权利内容，并修订了向联邦政府提起诉讼以获得赔偿的权利，设立了专门的纳税人服务部门，促进纳税人权利的实现。但是，由于美国纳税人权利法案规定的纳税人权利及相关支持条款散见于税法中，内容并不集中且语言晦涩难懂，不仅纳税人不相信自己拥有权利、难以查找和理解，税务部门工作人员也很难获得警示并参照执行。

1983 年，加拿大颁布实施的《信息获取法案》（Access to Information Act）和《隐私法案》（Privacy Act）规定了纳税人获取信息和隐私保密的权利。2007 年加拿大公布《纳税人权利法案》（Taxpayer Bill of Rights）作为"宣言"的延伸，在多次修改后，纳税人权利逐渐增加到 16 项③。墨西

---

① 主要包括：（1）规定除公司外，纳税人多付税款的退税可以得到按联邦实际短期利率加 3 个百分点的利息。（2）扩大了税务法院小额案件处理的范围，受理的余额规模由 1 万美元以下扩大到 5 万美元（含）以下。（3）进一步明确纳税人有享受专业和礼貌服务的权利。（4）要求 IRS 必须在合理的时间及地点进行约谈。（5）纳税人可以因 IRS 雇员的过失行为获得最高 10 万美元的赔偿。

② 主要包括：（1）知情权。（2）获得优质服务权。（3）只缴纳应纳税款权。（4）质疑 IRS 并获得听证的权利。（5）在独立平台上诉 IRS 决定的权利。（6）知悉终局的权利。（7）隐私权。（8）机密权。（9）获得代理权。（10）享受公平和公正的税收制度的权利。

③ 主要内容为：（1）仅缴纳应缴税额的权利。（2）享受两种官方语言服务的权利。（3）隐私保密权。（4）得到正式回复和救济的权利。（5）享受专业、礼貌、公平服务的权利。（6）得到完整、准确、清楚、及时的信息的权利。（7）拒绝缴纳争议税款的权利。（8）一贯地适用法律的权利。（9）投诉和得到调查结果解释的权利。（10）当实施税收立法时考虑遵从成本的权利。（11）期待收入局公正合理的权利。（12）期待收入局每年出版服务标准和报告的权利。（13）期待收入局即时提示可疑税收安排的权利。（14）选择代理人的权利。（15）投诉、寻求救济无需担心被报复的权利。（16）在极端环境下减轻罚金和利息的权利。

哥于 2005 年颁布实施了《联邦纳税人权利法》。

我国台湾地区所谓"纳税者权利保护法"历经多年，终于在 2016 年 12 月由立法机构以"专法"形式审议通过。"专法"全文共计 23 条，除目的、主管机关、施行细则与施行日这 4 条规定外，还对征税三大原则，即税收法定、量能课税、实质课税原则进行了明确。"专法"还对避税、税收优惠、税务专业法庭等纳税人权利保护制度进行了规定，虽然条目不多，但涉及内容广泛，体现了权利本位和程序正当的价值追求。为配合"专法"的推行，台湾财政事务主管部门大力配合，发布了所谓"纳税者权利保护官办理纳税者权利保护事项作业要点""纳税者权利保护咨询会设置办法""纳税者权利保护法施行细则"等文件。

1990 年，经济合作与发展组织（OECD）发布了建议成员国引入纳税人宪章的报告。随后，其成员国和包括非成员国在内的许多国家和地区都相继颁布纳税人（权利）宪章或法案，该组织制定的《纳税人宣言》范本，规定了纳税人税收筹划、依法缴税等方面的基本权利。20 世纪末，不少国家参考并依据 OECD 制定的《纳税人宣言》范本，颁布了保护纳税人权利方面的法律①，以促进纳税人权利的实现并对损害纳税人权益的行为进行救济。

此外，各国颁布的税收专门法也对纳税人权利保护予以全面的规定，如日本的《日本国税通则》、俄罗斯的《俄罗斯联邦税收法典》等，但还未上升至订立专门的纳税人权利保护法律的地步（详见表 9-1）。

---

① 该范本规定了纳税人的基本权利：（1）要求提供信息权。纳税人有权要求税务机关提供有关税制及如何测算税额的最新信息，同时，税务机关要告诉纳税人包括诉讼权在内的一切权利。（2）要求保护隐私权。纳税人有权要求税务机关禁止侵害其个人权利，有权拒绝税务机关不合理搜查住宅及被要求提供与正常课税不相关的信息。（3）依法仅缴纳法定税款的权利。纳税人有权考虑个人的具体情况和收入多少并按税法规定只缴应纳税金，拒缴额外税金。（4）税收筹划的权利。纳税人对自己的经营行为的课税结果有权进行预测和税收筹划。（5）诉讼权。纳税人对税务机关行政行为的合法性、适当性存在异议时，有权提起诉讼。

表 9-1 部分国家税收专门法发布情况

国家	法律文件	最初颁布时间
日本	《日本国税通则》	1962 年
德国	《租税通则》	1919 年
	《德国税收法典》	1977 年
俄罗斯	《俄罗斯联邦税收法典》	1998 年
新西兰	《税务管理法》	1994 年
西班牙	《税收一般法》	2003 年
法国	《税收总法典》	1950 年
荷兰	《总税收条例》	—
巴西	《税收大典》	—

二、国内外纳税人权利保护制度启示

首先，面对我国的治税新格局，纳税人权利保护制度应确立以依法治税的共性表达为基础逻辑。资产阶级革命重新定义了个人与国家、政府之间的关系，破解了个人地位较低、被动接受管理、仅充当义务者的局面；赋予个人独特的价值和公平的法律地位，使其拥有诸多不可侵犯的权利，促使个人主动参与国家治理是现代法治国家的普遍追求。我国权利认知与法律实践体现了我国法治建设自身的独特特征。治税新格局开启后，我国致力于解决发展不平衡不充分的突出问题，建设现代法治国家，增强经济实力，健全地方税体系，实现征管现代化等改革目标。在税收治理领域，立法、执法、司法需要按照法律规定开展，体现了主权在民的思想，使纳税人享有了对课税和用税的同意权，因此，国家征税权应是在法律范围内被赋予的，不得肆意通过立法、解释等方式扩大征税权；在征税过程中，包括税基的数额计算依据、征收方式、税率等在内的税收要素都应是确定的；税务机关应依法行政，司法机关应依法裁判，纳税人应依法缴税和保护自己的权利。法治政府的征税权力会受到合理制约，在法治民主政策的施行过程中，纳税人生存发展的权利、人格尊严权、财产权和自由权等不受征税权力的侵犯。税收法定可以实现对政府征税的限制，该理论也构成了纳税人权利得以确立、发展的基础。

其次，我国纳税人权利保护制度应遵循迭代学习、循序渐进、日趋完善的态势。我国法治建设一方面遵循了法治发展的一般逻辑，社会主体权利呼吁自发产生，上升为法权需求，再经过立法程序确定为国家法律；另一方面，其又遵循顶层设计原则，自上而下贯彻推行并实施。我国宪法未对纳税人权利做出相关规定，税法体系侧重纳税人义务且只规定了征纳过程中的权利，税务法院（庭）、税务公益诉讼等提升权利救济效果相关制度的缺失都对纳税人权利保护提出了挑战。这些问题并不是修改一次宪法或者增加一部法律就可以迅速全部缓解或解决的。此外，制度设立不能墨守成规、停滞不前，应不断对新形势、新发展、新知识进行学习和应对，不断校正。根据我国的现状与困境，结合分析税收综合治理的全球图景可知，纳税人权利保护是一个持续的、循序渐进的过程，并非一蹴而就，需要遵循全球化的趋势和地域性的特点，基于最新科学技术和信息科学技术，完成信息、数据的共享，日趋完善。我国台湾地区所谓"纳税者权利保护法"经历了"专法"—"专章"—"专法"的螺旋式发展，这在提供较好借鉴的同时，更揭示了不能急于求成，要不断积累理论基础和实践经验，逐步完善的道理。

最后，根据我国纳税人权利保护制度的供需现状，颁布纳税人权利保护专门法势在必行。从表面上看，各个国家或地区对纳税人权利保护的方式有很大的不同，因为这涉及了不同的经济理念或治理思维方式，是一种战略，是一种发展方向，是一种研究方法。但通过纳税人权利保护路径的比较分析，总结国内外对纳税人权利保护专门法的司法实践经验可知，多部门联动的综合保护模式和颁布纳税人权利保护专门法的集中保护模式是解决我国纳税人权利保护制度供需失衡的最佳选择。一方面，税收不仅对生存和发展的权利及财产权造成影响，而且还对经营等其他自由权有放射效果，因此，纳税人权利保护专门法的订立可以体现以纳税人为中心的思想。另一方面，权力机关在进行行政行为时可以有法可依。不仅税务部门可以依法秉持服务理念，建立完善的监督和评价机制，以期保护纳税人权益，纳税人权利保护专门法还可以逐步推进司法对纳税者的权利保护，以实现纳税者权利协同保护的局面。最重要的是，通过学习各国家（组织或地区）组织纳税者权利保护专家论证会，推行纳税者权利保护官制度，定期对涉税规范性文件进行审查等经验，我们可以在纳税人权利保护专门法中设立相应制度，以保持权力部门制定和实施税收政策的公平性和中立性，构建纳税人权利保护体系。这样，以人为中心的公平正义的法律价值在实践中得以确认，在有特色的社会主义法律体系中得以彰显。

第四部分

"纳税人权利保护法" 的构建

新中国成立以来，长期存续的集体主义观念使国家治理呈现"法律父爱主义"的特点，主要的原因是社会不足以使人们孤立发展的同时还可以享受满意的生活，因此衍生出公民要求政府做特定行为的积极权利，这与中国当前注重以人为本的理念相向而行，颇具契合度。但是，这种行政主导性在税收领域却逐渐形成了政府征税权高于个人财产权的纳税文化。因此，笔者建立了适应中国语境的纳税人权利体系，并选择了构建专门法的路径，以期促使纳税人义务本位向纳税人权利本位转变，增强纳税人纳税遵从积极性，唤起国家为纳税人提供良好征纳服务的使命感，弥补纳税人权利法律制度的缺失，保障纳税人权利的有效实现。

第十章

纳税人权利体系

我国不少学者对纳税人权利体系的构建进行了尝试。刘剑文（2002）将纳税人权利分为微观层面权利和宏观层面权利。前者从纳税人与征税机关的关系出发，主要体现于《税收征收管理法》中；后者从纳税人与国家关系的角度出发，主要体现于税收基本法或宪法中。甘功仁（2003）将纳税人权利分为整体权利和个体权利。王建平（2008）将纳税人分为抽象纳税人和具体纳税人，借此构建了抽象纳税人权利和具体纳税人权利组成的权利体系。刘剑文和熊伟（2004）、莫纪宏（2006）将纳税人权利划分为宪法权利与税法权利。施正文提出了宪法性权利与普通性权利的划分方式。黄俊杰（2004）将纳税人基本权称为"税捐基本权"。高军（2010）研究了纳税人的基本权。涂龙力、王鸿邈（1998）提出了基本权利和派生权利的概念。还有学者构建了实体性权利和程序性权利的权利体系以及立法、执法、司法、监督四个层面的权力体系。刘剑文、施正文、甘功仁、熊伟、李晓安等学者除了对纳税活动进行中的具体性权利进行了阐明和论述，还对纳税活动发生前和完成后两个阶段的权利进行了关注和研究，无论是将其称为"抽象性权利""宏观层面权利""纳税人的整体权利"还是"宪法性权利"，都揭示出在纳税人权利体系构建过程中，需要全面、完整地体现纳税人利益保障的逻辑规则。因此，笔者通过总结、提炼和归纳国内专家对于纳税人权利划分的依据和具体内容，拟将纳税人权利划分为税前权利束、税中权利束和税后权利束三个阶段的权利。

三类权利有以下四个区别：（1）权利的存在阶段不同。在开始缴纳税款之前就存在的资格性权利为税前权利，在征纳过程中存在的权利为税中权利，在征纳行为完成后可以履行的权利为税后权利。（2）权利的法律渊源不同。税中权利全部来源于税法规范，内容往往是纳税人的个人和具体利益；而税前权利和税后权利中有来源于宪法规范的权利内容，会涉及公共利益、社会利益和纳税人整体利益。（3）权利行使的途径不同。税前权利和税后权利中的部分权利需要通过"选派代表"的途径代行使其权利，或者通过反馈诉求，间接地行使权利；而税中权利则可以直接地、单独地由纳税人个体行使。（4）权利的救济方式不同。由于法律渊源的不同，税中权利对应的义务主体是税务机关，纳税人可以通过行政复议和行政诉讼的途径对受损害的权益进行救济。但是，税前权利和税后权利的义务主体不一定是税务机关，主要依靠监督、审查和立法完善的方式进行救济。

一、税前权利束

税前权利是一种资格性权利，指纳税人凭借其身份在纳税行为发生前即享有的权利。该类权利的行使对纳税人生存和发展的权利具有正向影响，与财产权的实现密切相关，同时，有助于将宪法权利转化为普通法权利。

（一）税前权利束的法经济学分析

首先，参考拉弗曲线图（见图10-1）可知，并非税率越高财政收入越高，成本的增加会使纳税人减少投资，导致其收入降低，税基减少，从而影响财政收入。因此，税前权利的赋予有助于在确定征税对象、内容、依据和原则等课税要素时，充分考虑纳税人的利益和投资规律，科学促进财政收入的实现。

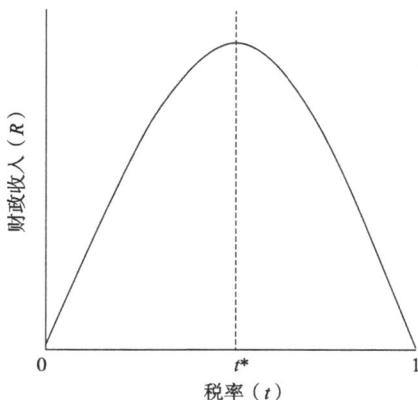

图10-1　拉弗曲线

其次，纳税人不是具有完全认知、完全实现能力、预知后果和做出最优选择的完全理性人，也不是仅靠本能行动的直觉理性人，而是意图上追求理性，但客观上有限做到的有限理性人。将法律设定为征纳行为的唯一依据可以帮助纳税人预知后果，保证纳税人对经营活动进行筹划安排的权利可以帮助纳税人做出最优选择。这样一来，税前权利的赋予有助于消除因信息不对称带来的公平问题，从而促进有限理性纳税人的税收遵从。

最后，根据纳税人负担能力征收税款遵循了量能平等原则的价值追求。为了确保结果平等，税前权利确立了纳税人之间公平负担的法律规则，使其不因为纳税行为而失去最基本的生活保障和自身发展进步的能力，同时，还可以促进税收行为实质平等的实现，使不同纳税人的税收负担保持平衡。

（二）税前权利束包含的权利内容

1. 参与税收立法的权利。2015 年修订的《立法法》在第三十六条①、第六十七条②明确规定，各种社会组织、利益集团以及公民个人可以通过各种途径在立法准备、审议、完善阶段参与法律案、行政法规和部门规章的订立，如书面征求意见、座谈会、论证会、听证会等形式。《税收征收管理法修订草案》第十一条明确指出，纳税人依法享有税收法律、行政法规和规章制定、修改的参与权。该草案虽然还未正式被确定法律效力，但

---

① 第三十六条 列入常务委员会会议议程的法律案，法律委员会、有关的专门委员会和常务委员会工作机构应当听取各方面的意见。听取意见可以采取座谈会、论证会、听证会等多种形式。法律案有关问题专业性较强，需要进行可行性评价的，应当召开论证会，听取有关专家、部门和全国人民代表大会代表等方面的意见。论证情况应当向常务委员会报告。法律案有关问题存在重大意见分歧或者涉及利益关系重大调整，需要进行听证的，应当召开听证会，听取有关基层和群体代表、部门、人民团体、专家、全国人民代表大会代表和社会有关方面的意见。听证情况应当向常务委员会报告。常务委员会工作机构应当将法律草案发送相关领域的全国人民代表大会代表、地方人民代表大会常务委员会以及有关部门、组织和专家征求意见。

② 第六十七条 行政法规由国务院有关部门或者国务院法制机构具体负责起草，重要行政管理的法律、行政法规草案由国务院法制机构组织起草。行政法规在起草过程中，应当广泛听取有关机关、组织、人民代表大会代表和社会公众的意见。听取意见可以采取座谈会、论证会、听证会等多种形式。

却反映出在我国已经基本达成了纳税人享有参与税法立法权方面的共识。一方面，纳税人通过缴纳税收以完成契约行为过程中的支付义务，与此同时就获得了享用公共物品和服务的权利，法律确定了这一行为的合法性，纳税人就应该在制定契约规则时全过程参与。另一方面，现代法治国家法律的正当性源于民意，这种民意来自民主过程的"商谈"，参与税收立法的权利确立了纳税人"商谈"的地位，保证税收法律充分体现纳税人的意志。先有纳税人同意纳税之后才有国家征税，纳税人参与税收立法可以防止国家过多征收与非法侵犯纳税人财产，而将该项权利写入"纳税人权利保护法"中，也是基于赋予宪法权利实践性的考量。

2. 依法课税的权利。该权利指纳税人仅依照法律规定缴纳税收，可以拒绝非依照法律程序和内容课税的要求。其一，必须由法律明确规定课税要素。其二，规定课税要素的法律必须是经过法定程序制定、颁布并实施的。其三，征税机关在按照法律规定征税时，还应该履行法定程序。OECD 制定的《纳税人宣言》规定了纳税人依法仅缴纳法定税款的权利，纳税人有权拒绝遵从非依经法定程序颁布的税法，有权拒绝缴纳非按法定程序征收的税款，有权拒绝对应依法享受减免税和其他税收照顾的课征要求。通过在纳税行为发生前依法课税权利的确立，可以帮助解决税法解释的行为不规范问题。

3. 税收筹划权。赋予纳税人在纳税行为发生前进行税收筹划的权利，是十分具有必要性和紧迫性的。其一，税收筹划权可以使纳税人对经营活动进行合理安排，这将在税收法定的基础上，进一步实现财政法定，协调产业之间的均衡发展，提升宏观调控效应。其二，该项权利可以影响企业的投资结构，帮助企业降低成本，实现利润增长，做好最优经营决策。其三，个人的税收筹划可以帮助其节约支出，促进其投资能力的提升。

4. 量能课税权。纳税人在缴纳税款后，还可以维持自身及家庭正常生活水平，采取正常的经济行为，不应该影响其发展与进步。"纳税人权利保护法"中的量能课税权包含两个方面：一方面，纳税人有权拒绝税收负担超过自身承受能力；另一方面，要求禁止税法对纳税义务人及家庭最低生存需求进行课税，这是宪法赋予公民生存和发展的权利的应有之义，且这方面的生活保障应免于强制执行。

（三）税前权利束与其他法律规定间的关系

一方面，税前权利束将宪法性权利转化为普通法权利。纳税人的税前权利是由宪法赋予、体现宪法精神的。《宪法》对公民的平等权、依法纳税权、财产权等都有明文规定；《立法法》也规定了立法精神、目的、行使方式，尤其指出，应该为人民提供多种途径参与立法活动。税前权利束将宪法性权利在"纳税人权利保护法"中转化为普通法权利，这一做法有助于纳税人对其公民基本权利进行深刻理解，促进权利的有效实现。

另一方面，税前权利束弥补了现行税法体系的立法空白。目前，我国仅国家税务总局 2005 年颁布的规章《注册税务师管理暂行办法》的第二十二条将税收筹划纳入税务师执业范围，税收筹划权与避税、偷税的概念需要明确界定和重新概括；《征管法》规定纳税人生活必需的住房和用品不在查封、扣押之列，但这只能体现在税收保全和强制执行过程中。因此，税收筹划权和量能课税权的规定弥补了我国现行税法体系的立法空白。

二、税中权利束

在税收征纳过程中纳税人享有的权利称为税中权利。进入征纳过程后，纳税人与行政机关密切交往，衍生出纳税人获知信息、税款确定、选择缴税方式、寻求救济等方面的问题。税中权利的确定有助于继续贯彻税收法定，均衡征纳双方的权力（利），促进国家治理现代化的实现。

（一）税中权利束的法经济学分析

在我国《征管法》中，已经规定了纳税人权利的内容，但这些权利散布于总则、税务管理、税款征收、税务检查和法律责任这些章节中，没有单独列明，并且内容不够全面；《公告》虽然规定了纳税人权利内容和行使方式，增加了权利项目和内容，但却因文件的法律效力和位阶问题，不能为纳税活动提供司法裁判的依据。

由于征纳行为存在机会主义，行为主体基于私益最大化的经济动机竭尽所能，甚至甘愿采取欺瞒手段实现目标，这也是运用制度约束的重要原因。根据纳税人保护制度供需与作用机制，通过政府有效决策的达成与行为的实施，可以实现纳税人权利保护制度的供需均衡，使得纳税人权利被保护的目标与效益均可顺利实现。在"纳税人权利保护法"中赋予纳税人税中权利，可以免除相关权利在多部法律文件中的分散性和难以获取性，符合权利体系构成逻辑，并可以全面列举出权利内容，具有法律实践意义。

（二）税中权利束包含的权利内容

根据权利在现行税法体系中存在的情况，可将税中权利束分为三种情况：

其一，《征管法》及《公告》中已经存在、仅需在"纳税人权利保护法"中重申的权利内容。

以下13项权利已经存在于《征管法》或《公告》中，仅需在"纳税人权利保护法"中确立法律地位，进行重申：（1）纳税人知情权；（2）检举控告权；（3）申报方式选择权；（4）申请延期申报权；（5）申请延期缴纳税款权；（6）申请退还多缴税款权；（7）依法享受税收优惠权；（8）委托税务代理权；（9）陈述与申辩权；（10）对未出示税务检查证和税务检查通知书的拒绝检查权；（11）税收法律救济权（行政复议、行政诉讼、请求国家赔偿）；（12）依法要求听证的权利；（13）索取有关税收凭证的权利。

其二，《征管法》及《公告》中已经存在、需要通过"纳税人权利保护法"进行修订的权利内容。

笔者建议将《公告》中的"保密权"修改为"信息权"。不少国家都规定了对纳税人隐私和机密进行保护的内容，如英国法律规定要求对纳税人信息进行保密，韩国要求纳税人员不能泄露纳税信息等。参考 2021 年 11 月 1 日开始施行的《中华人民共和国个人信息保护法》，将纳税人信息纳入"纳税人权利保护法"中进行保护，可以使纳税人信息内容摆脱"商业秘密和个人隐私"的概念限制，呼应既定法律，在满足国家公共管理需要的同时，保护纳税人的详尽经济信息，防止对纳税人信息权的侵害，避免因为泄露经济秘密对纳税人的经济水平和稳定发展带来重大影响。

其三，《征管法》及《公告》中未作规定、需要通过"纳税人权利保护法"进行确立的权利内容。

1. 诚实推定权。在征纳过程中，税务机关应对纳税人保持充分的信任，纳税人应被认为是诚实的、可以信赖的和无过错的，直到有确凿证据、并由执法机关来推翻这一认定为止。我国厦门市原地税局于 2009 年颁布的《对纳税人适用"无过错推定"原则的指导意见》中指出，如果对于税务违法事实或行为，税务机关没有确凿的证据，不应认定或推定税务行政相对人违法，应坚持疑错从无。加拿大《纳税人权利宣言》、英国《纳税人宪章》、澳大利亚《纳税人宪章》、韩国《纳税人权利宪章》、柬埔寨《纳税人权利宪章》以及波兰 2019 年最新颁布的《税法条例》均规定了诚实推定权。赋予纳税人诚实推定权可以在保障纳税人人格尊严不受侵犯的同时，明确征税权的界限，有力防止对纳税积极性的打压。

2. 获得纳税服务权利。从国外法律规定来看，加拿大、英国以及 2014 年美国公布的"纳税人权利保护法案"均规定了纳税人享有专业和礼貌服务的权利。我国 2018 年公布的《深化党和国家机构改革方案》明确指出，纳税人应获得优质高效便利的服务。2021 年是开展"便民办税春风行动"的第 7 年，我国着力推进"放管服"改革，优化营商环境，优化便民办税举措，采取的如减轻资料报送负担、简化各类业务的办理流程、推动 12366 纳税热线的完善等措施可以极大方便纳税人办税，提升纳税遵从度和公众满意度，使纳税人在办税过程中享受良好的服务，受到税务机关的尊重。这在一定程度上也弥补了税务稽查中纳税人权利保护制度的设计瑕疵。

3. 信用权。目前对纳税人经营和发展影响较大的主要是纳税信用评价和税收违法"黑名单"制度。税务机关按照 2014 年 10 月施行的《纳税信用管理办法（试行）》，就企业纳税人在一定周期内的纳税情况开展纳税信用级别评定工作，并通过建立纳税信用评价系统规范纳税人信用管理，促进其诚信自律和税法遵从。在评价过程中，税务机关依据采集到的信息和记录，通过诚信意识、遵从能力、实际结果和失信程度 4 个维度、近 100 项评价指标，对企业上一年度纳税信用状况进行评价，设 A、B、M、C、D 五级，并适用不同的管理措施。税收"黑名单"是一种通俗叫法，该制度是重大税收违法失信案件的公布和联合惩戒体系中的概念。对于抗税、逃避欠缴税款、虚开发票等符合标准的重大税收违法案件向社会进行公布，包括自然人、法人或其他组织的基本信息、违法事实和处理情况等。同时，采取信用级别判为 D 级、限制出境、限制高消费等 28 项严格监管和联合惩戒。以上论述揭示出，对纳税人的信用评价已逐渐成为深刻影响纳税人经营发展的重要制度，纳税人被合法合理评定信用情况的权利也应提上立法日程，同时，这也是社会信用体系建设的重点内容。

（三）税中权利束与其他法律规定间的关系

一方面，税中权利束将分散在税法体系中的纳税人权利内容进行了修订与集中。在我国现行法律体系中，所有关于纳税人的具体权利均体现在税中权利束之中，综合了《征管法》《实施细则》《公告》《行政诉讼法》《行政处罚法》《国家赔偿法》以及各税种单行法中纳税人在实体上、程序上享有的权利内容。集中在一个部分进行规定的模式符合集中保护的特点，大大降低了纳税人获知具体权利的成本，促进了纳税人权利保护效益的提升。将各部门对纳税人综合保护的精神呈现于法律文本中，更有利于满足法治国家建设内在体系的外显需求和纳税人权利保护法律体系的融贯性需求。

另一方面，税中权利束确立了三项在其他法律制度中涉及但未明确的纳税人权利。诚实推定权借鉴了民法中的善意推定制度与刑法中的无罪推定制度，都是对《宪法》中对公民人格尊严不受侵犯的制度回应。为纳税人提供礼貌与周到的服务是税务机关的职责所在，这可以将纳税人享有公共物品和公共服务的权利具体化，并有助于其在办税过程中获得税务机关的尊重。信用权是既有"黑名单"制度和纳税人评价体系的理论外延。如果征税机关工作不到位致使对纳税人纳税信用等级评定出现错误或者使纳税人被列入"黑名单"，这势必将使纳税人的合法经营发展遭受影响。

三、税后权利束

纳税人在税款缴纳完成后所享有的权利叫做税后权利。该权利束的有效设立与保障，可以使纳税人在享受法治社会、养老服务、免费教育等良好资源的同时，更深切地感受到税收带来的福利。

（一）税后权利束的法经济学分析

国家强调税收"取之于民，用之于民"，但这是个一般性的表达和呼吁，纳税人缴纳税款很难与公共产品和服务形成确定清晰的一一对应关系。但是，公民本身都被赋予了监督权力行使和参与国家治理的资格，而由于纳税人向国家缴纳税款，即在等价交换过程中支付了对价，他们往往迫切地希望获知税款流向和使用情况，得到公益诉讼带来的收益，选择并享受公共产品和服务以及敦促公共产品和服务质量的提升等。

本书在分析税收特性及其制度要求时，已经明确了两点内容：其一，提高税款使用的透明程度是提升公共产品质量的有力方法；其二，对税款支出用途、规模、方式的披露可以增强纳税人对政府的信心，提升行政效率和经济效率。因此，保障纳税人的税后权利有助于构建国家与纳税人之间的良性互动关系，增强纳税人参与国家民主管理、有效监督政府的内在动力，提升公共产品和服务的质量，促进纳税遵从。

（二）税后权利束包含的权利内容

案例 10-1　蒋时林诉常宁市违法购车案

案情简介：湖南农民蒋时林偶然看到常宁市 2005 年预算中没有财政局购车相关安排，在了解政府采购应按获批预算执行后，于 2006 年 2 月给财政局寄了一封《关于要求常宁市财政局对违法购车进行答复的申请》。信中称，他有权利根据《宪法》要求财政局对相关事宜进行答复。未获答复后，蒋时林 4 月针对不予答复行为和超预算、超标准购车行为提起行政诉讼。7 日后，法院作出"不予受理"的裁定。

案例分析：作为"纳税人诉讼第一案"，该案对国家行政机关超出预算违法使用财政资金的行为提起诉讼，虽然未能进入司法程序，但该案对于纳税人缴纳税款后，对于税款使用的监督权以及确定相关主体的诉讼资格均具有开创性实践意义。

1. 税款使用监督权。纳税人的税后权利体现为依法监督国家税款使用的权利。税中权利的检举控告权是一种税收监督权，但主要针对税收征管过程中税务人员税收违法行为的监督，而不是国家税款使用的监督权。案例 10-1 中，蒋时林曾因自身就职问题履行过对公权力的监督权①，因此，他认为税款使用也是国家行使公权力的一种方式，纳税人应该获得相应的监督权。常宁市财政局以农业税取消为由，质疑农民蒋时林的纳税人资格。律师解释当事人在农业税取消前足额缴纳，并且该年度获得劳务报酬均已缴税，财政局又提出了当事人缴纳的税收够不够买车的问题。但笔者认为，基于公法之债理论，公共物品和服务的实现虽然不是即时的，但在其开支方面享有的权利实际上是税收债权的一种后续权利。

---

① 1999 年，蒋时林获全村 80% 选票当选常宁市荫田镇爷塘村村主任。后因工作问题，被镇党委、政府罢免。他研究有关自治和选举的法律条文后发现，村委会是自治组织，镇政府免除他职务的做法没有法律依据。在多次要求上级政府纠正镇政府这一违法行为无果后，他一纸诉状将镇政府告上法庭。最终，法院依法判决撤销了镇党委、政府的决定，蒋时林得以复职。

2018年我国新修订的《预算法》阐明了预算体制及预算绩效评价办法，要求规范政府收支行为，预算公开透明，且赋予了公民依法检举、控告的权利。因此，在纳税行为结束后，纳税人有权对政府财政支出的合法合规进行监督，该权利既是课税同意权的延伸，也是公民行使国家事务管理权的应有之义。

2. 选择和享受公共产品的权利。纳税人向国家缴纳税收，国家则向纳税人提供公共产品，在这一等价交换过程中，只要履行了纳税的义务，纳税人就可以行使换取的公共产品的所有权，选择公共产品的种类，监督其质量提升。重视纳税人对公共产品的选择和享受的权利，可以使纳税人深刻体会到自己的诚实缴纳与资源享受之间具有直接关联，这种获得感可以使纳税人提升缴税积极性，形成良性互动，兑现纳税人参与国家治理的承诺，为政府高效行政和社会福利水平的提升提供强大驱动力。

案例10-2　鼎鉴行金属材料有限公司与国家税务总局广州市第三稽查局税务处理决定案①

案情简介：2018年鼎鉴行公司向广州得宇行供应链公司采购废不锈钢，取得21份增值税专用发票。次年4月，得宇行公司的主管税务机关向其作出案涉税务处理决定书，认定其对外开具的400余份增值税专用发票为虚开，其中包含了开具给原告的21份发票。原告认为决定书认定虚开的发票，将使原告面临不利后果，遂以利害关系人身份起诉。一审法院以未经复议前置为由，驳回起诉。二审法院认为原告非涉案相对人，不属于法院受案范围。再审法院认为，决定书不属于纳税争议，一审认定错误；决定书会对鼎鉴行公司合法权益产生实际影响，该公司具有原告资格。故撤销一、二审裁定，指令一审法院立案受理。

---

① 本案例是中国法学会财税法学研究会、首都经济贸易大学法学院、首都经济贸易大学财税法研究中心等组织评选出的2021年度影响力税务司法审判案例。

案例分析：再审法院以行政行为是否实质性影响纳税人合法权益作为判断利害关系的标准，明确了利害关系人虽非直接行政相对人，但在行政行为对其合法权益产生实际影响，从而存在法律上的利害关系时，具有起诉资格。本案对于确定相关主体的诉讼资格以及复议前置的理解适用问题具有参考价值。

3. 公益诉讼权。我国公益诉讼制度在部分法律中有所呈现，延伸至"纳税人权利保护法"中的纳税人公益诉讼权是指纳税人并非基于自利性的主观动机，而是以公益目的，代替纳税人群体针对特定课税决定进行诉讼，这是纳税人分享治税权的重要体现。根据案例 10-2，如果行政行为对合法权益产生实际影响，利害关系人可以作为相关主体。那么我们也可以将相同的法律精神予以贯彻，从宏观角度上将缴纳行为与履行征税权力行为结合来看，将纳税人看作所有履行征税权力行为的利害关系人，确认纳税人的诉讼地位。在"纳税人权利保护法"中明确纳税人公益诉讼权，是公民参加国家事务管理的新途径，使诉讼制度逐步承担更直接和更广泛的社会治理职能，有力扫清现在税收公益诉讼的现实障碍。

（三）税后权利束与其他法律规定间的关系

与税前权利束相同，税后权利束将宪法性权利转化为普通法权利。《宪法》明确规定，国家机关及工作人员必须接受人民的监督。无论是税款的使用，还是公共产品和服务的形成，都是人民行使监督权利的集中体现。此外，纳税行为完成后，纳税人对其生存和发展的权利有了合理预期和更高的要求，这就成为更高层次的权利，也要求国家按照纳税人意愿，不断提高社会福利及社会服务的水平。

税前权利束和税后权利束都弥补了我国现行纳税人权利保护制度的立法缺失，明确了其他制度涉及但未确立的权利内容。税后权利束不仅具备该特点，还有助于破解当今的司法实践困境。一方面，无论是 2006 年的"纳税人诉讼第一案""微笑局长案"还是李娜夺冠获奖励案，都体现了纳税人对税款监督权的迫切期待，税后权利的确定将有助于避免"不予受理""撤诉""负责人作解释"等问题；另一方面，法院以纳税人不属于公益诉讼主体为由驳回起诉的情况也将不再出现，不仅有利害关系的纳税人可以提起诉讼，基于公共利益的需要，所有纳税人都可以履行自己的权利。

第十一章

"纳税人权利保护法"的具体内容

第三部分对两对模式进行了比较分析，多部门联动的综合保护模式与纳税人权利保护专门法提供渊源的集中保护模式更适应我国国情；而通过比较其他国家或地区的制度，纳税人权利保护专门法的构建是最优路径选择。本章将试图从"纳税人权利保护法"的基本定位、法律原则、立法体例安排方面论述该部法律的构建思路。

一、基本定位

（一）宪法精神在税法领域的内容呈现

税收是政府依照宪法和法律筹集财政收入的过程，它涉及国家最根本性的法律规范，应该由宪法和法律进行预先设定。同时，税收价格的支付还是一种特定分配过程，其结果是公民获得了享受公共产品和公共服务的权利。因此，税收要素都必须与宪法相关，且不能与宪法精神相违背。各国普遍在宪法中明确税收根本原则、税收根本问题以及公民基本权利、国家机关权限的纵向和横向划分的依据。我国宪法分别就财产权利、人身权利、平等权等基本权利保护作出了规定，并指明公民有依照法律纳税的义务，这是对相关法律的纲领性指引——税收法定和公民基本权利应受保护。由此，纳税人权利保护制度的订立，应遵循宪法规范的顶层设计，体现宪法精神，贯彻税收法定原则，对纳税人权利进行全面保护。

（二）财税法体系权义平衡论的价值彰显

据前述逻辑起点、价值取向、历史演化和地位转型四个角度的分析，税收理论的义务中心论发展为权义平衡论是社会发展的使然与现实的选择，税收法律关系双方地位悬殊，因此需要制度进行衡平。财政制度的订立与施行是政府干预经济的主要形式。由于政府并不独立于经济活动之外，该制度还应解决因复杂的经济相互依赖产生的其他问题，最重要的是进行资源配置、收入分配和稳定经济。由此，纳税人权利保护的实现应彰显现代法治精神，规范征税权力、保护纳税人权利并实现税收公平正义。虽然该法的价值定位不应是传统管理理念下的"征税之法"，但也不能走向绝对控权。应坚持权利与义务相统一，征纳主体权利义务相统一，双方权益均衡保护。

（三）税法体系完备化的必由之路

税法体系完备化是现代国家的发展趋势。税法虽然具有独特性，但由于权义平衡论在税收领域的理论优势，税法与民商法产生了趋同和联结。在民法法典化的全球性趋势下，很多国家采取了税法法典化的模式：一种是以德国为代表的采用综合税法典的国家，在形式上实现了法典化，将所有税收法律集中于税收法典中；另一种是以日本为代表的采用通则税法典的国家，制定了总则性规范，各税种实体规范和程序规范以单行法形式存在。虽然税法体系与民商法体系有众多区别之处，我国税收法典化任重而道远，但是随着税种单行法的陆续颁布实施以及《征管法》的不断修订完善，税法体系的完备化是现代国家的必然趋势。

因此，笔者认为应订立"纳税人权利保护法"，以实现税法体系完备化。解决我国纳税人权利保护制度现状和困境最好的方式是使"以宪法为统帅，以基本法为指引，以法律法规为主体，以部门规章为操作指南"的税法体系获得自上而下、协同联动的改革。但从宪法修改的历史经验来看，纳税人权利保护相关条款入宪是"道阻且长"的，需要时间和实践的累积沉淀，这更凸显了"纳税人权利保护法"作为过渡性措施的合理性。它既不与现存的法律体系产生冲突和对立，也可以全面地从立法、执法、司法、监督等方面体现国家的法律精神和民主水平，提升纳税遵从度，促进法治国家建设，实现全面经济发展。

二、法律原则

阿列克西认为，原则可以但不只是规则的理由；原则可以成为规则的指引，但其自身也是确定的指引。设立法律原则可以尊重并确保权利的伸张，满足正义、公平等道德主张的要求。法律原则通过集中反映法律内容的指导原理和准则，概括法律所确认的社会生活规律和国家活动要求，并将其贯彻、辐射到具体法律规范上，起到统帅作用。与具体法律规范相比，抽象的法律原则更能直接地反映法的内在价值、内容本质和理念追求，揭示社会趋势和规律，体现自由、平等、正义等范畴的内容。

由于我国对纳税人权利保护相关规定分散于法律体系中，"纳税人权利保护法"要厘清《宪法》《立法法》《征管法》《公告》等文件中确立的纳税人权利保护思想，以专门法形式进行列明、转换和提升，指引税收执法与涉税司法等法律适用活动。因此，探讨"纳税人权利保护法"的确立时，应首先明确其指导原则。本书认为，税收法定原则和税收效率原则作为法律的基本原则、量能平等原则作为法律的适用性原则可以确立"纳税人权利保护法"的立法指导思想，并为该法的性质定位与价值取向提供原则遵循。

（一）税收法定原则

税收法定原则是税法领域的基础性和基石性原则，也是我国宪法原则在财政税收领域的体现，更是新时代国家民主政治建设的切入口与着力点。在征纳过程中，坚持税收法定原则，可以合理约束国家征税权，并确保国家税收活动的正当性。从国家治理角度看，税收法定原则聚焦于人民的主体地位，坚持贯彻"以人为本"，并赋予了人民税收立法权与监督权。在具体实践中，还应在全流程贯彻税收法定原则，特别是加快税收司法的改革进程，并推动涉税司法解释的制定和指导性案例的建设。落实税收法定原则，是体现法治国家税收正当性的重要标志，亦是现代社会税收民主化的客观要求和必然反映，同时将我国税收法定原则的时代内涵和治理效能提升到新的高度。

案例 11-1 重庆、上海地区房产税试点分析

情况简介：国务院于 1986 年发布《房产税暂行条例》。2010 年 5 月批准《关于 2010 年经济改革工作的若干意见》并颁布工作方案，拟加快施行财产税改革计划，促进房产税扩大征收。2011 年 1 月，国务院颁布《关于废除和修订行政法的若干规定》，对《房产税暂行条例》进行修订，10

日后，上海颁布《对个人房屋征税试点工作的暂行规定》，重庆颁布《个人房屋征税管理试行条例》和《对个人房屋征税改革试点的暂行规范》。

同年，我国十余位财税法学者向全国人大提交了房产税征收工作合法性审查的意见，该意见认为，根据《房产税暂行条例》，个人拥有的非营业房屋无需缴纳房产税。

案例分析：房产税改革的背景有目共睹，主要在于房价的快速增长。因此，该税种的目的是调控房价，抑制收入差距扩大的趋势，保障房地产市场健康发展，与此同时，配套出台相应保障性住房政策，解决中低收入群体的生存问题。但该税种带有浓厚的管理色彩，试点模式的合法性、正当性和有效性存在瑕疵，需要进行全面重构。

现代权利观往往具有个人主义和自由主义的色彩。税收在一定程度上是对个人财产权的剥夺和限制，因此，应将税收法定确立为"纳税人权利保护法"的指导思想、最高法律原则。就案例11-1而言，即使有学者从《立法法》《征管法》中推演重庆市房产税改革试点工作法律依据的形式合法性，也无法完全否定其实质法定上的瑕疵。首先应该明确的是，税种的设立应属于必须制定法律的事项，而《房产税暂行条例》不是基本法律。对于这种依据地区政府规章征税的模式改变了课税要素，与税收要素均需法律规定的原则不符。其次，《立法法》规定，授权决定应明确目的、范围，且不可以转授权，那么上海和重庆政府获得的不是合法的立法授权。最后，两地房产税征税对象的相关规定使下位法违反了上位法《房产税暂行条例》中个人拥有的非营业房屋无需缴纳房产税的规定。尤其是对新购住房中存量住房的房产税征收，应该属于法律规定的范畴，由全国人大及其常务委员会行使立法权限。因此，税收法定应从以下三个层次进行分析。

第一个层次：遵循宪法要求。宪法作为根本法，是公民权利的保障书，应为纳税人权利保护提供根本性渊源，利用社会契约，代表人民利益，体现人民意志，使理性纳税人在"无知之幕"的影响下依然做出合理预期和决策。社会契约订立后，纳税人的权利观念形成了权利意志，进而形成了权利要求。宪法对公民基本权利的保障使财产权利的实现成为宪法的应有之义，因此，财产权的"限制"和"剥夺"都需要合法化，并且确立财产保护过程中的抗辩和救济的权利。

第二个层次：税收形式法定。我国市场经济的基本框架已经初步建立并运行，但是法律法规并不完善：根据表11-1，2014—2019年新增立法数量为6，很多税种无法实现"一税一法"，也就是说还无法做到完全意义上的有法可依；行政法规和行政规章数量较多，甚至有的制定时间长达60年以上，这就更凸显了形式法定的紧迫性。执法结果的公平、有效和恰当固然重要，但只有依照法律规定程序办税，才能基本遵循程序正义，保障纳税人程序性权利的最终实现，监督税务机关，有效避免其在采取征税行为前、征税活动进行中和完成后滥用权力，损害纳税人权益。这也是税收形式法定的重要内容。实践活动中，税收法定的形式法定主张是防止"不公平税制"蔓延的首要关卡，成为税法运行状态的基础和前提，使执法、司法、守法、监督活动有序进行。

表11-1　中国税种立法情况

年度	完成税种立法数量	新增税种立法数量	新增税种立法名称
2014 年	3	0	—
2015 年	3	0	—
2016 年	4	1	《中华人民共和国环境保护税法》
2017 年	6	2	《中华人民共和国烟叶税法》 《中华人民共和国船舶吨税法》
2018 年	8	2	《中华人民共和国耕地占用税法》 《中华人民共和国车辆购置税法》
2019 年	9	1	《中华人民共和国资源税法》

第三个层次：税收实质法定。税收法定原则使纳税人权利具有了防御功能。公民将一部分权利让渡给国家以期待用最小成本付出换取享受稳定的社会秩序，良好的社会资源和环境，实现自身的生存和发展的权利。征税权的获取是纳税人同意让渡权利的结果，因此，国家不能任意开征、停征税种，任意规定课税因素，而且与税收征纳和管理有关的法律需要经纳税人的同意。当纳税人的权益受到侵害，或者国家机关应采取行动却选择不作为时，税收实质法定将为纳税人权利的实现提供法律依据。因此，有法可依的深层追求就是"良法善治"，要求"纳税人权利保护法"认真考量公平、正义实质，用现代宪法理念，解读和构造制度，维护法律权威，保证公民权利。

（二）量能平等原则

庇古在《福利经济学》中论述欲望与满意度时举了一个例子：对两个人征税相同，他们每人每年都支出 450 英镑，可是第一个人年收入为 1000 英镑，第二个人年收入为 500 英镑，从公平的角度看，这样做是不合理的。虽然该段内容主要阐述的是储蓄与福利间的关系，但依然可以看到，在实际税收体系的建立中，考虑到富裕程度不同的人们之间实现"公平"的问题，我们不得不接受"差别对待"。

量能平等原则不同于税收法定原则，不仅我国宪法中没有规定，在任何法律中都没有规定相应内容。但我国 2018 年修订的《个人所得税法》，将个人深造、子女教育、房屋租金、住房贷款及利息、大病医疗支出等六项专项附加扣除，揭示了量能平等原则已暗合立法精神的观点。巫念衡认为，税法之立法、行政以及司法审查，应以"量能平等原则"为指导原则，虽然向来为税法学界之共识，但过去不仅法无明文，且在释宪实务上亦未发展出明确的违宪审查模型。量能平等的确立意义是，在横向上保证相同能力和水平的纳税人平等承担税负，在纵向上保证不同能力和水平的纳税人承担不同税负。它深刻揭示了税收对于财政收入的攫取固然重要，但其本质更是一种分配制度，应该在实质上根据纳税人实际能力大小确定其应缴纳的税收额度，从而将税收负担在各纳税人身上公平、平等地分配，从而使在天赋、能力、资本等方面获得不公分配的纳税人，通过税收获得缓解。因此，本书认为，量能平等原则是税收公平性和税收平等性的结合凝练以及进阶体现。

其一，量能平等原则以确立平等地位为先决条件。宪法平等权通过"纳税人权利保护法"具体规则的精神予以呈现，它包含了三个方面：征纳双方法律地位平等，不同纳税人平等地获得权利和承担义务，纳税人获得的权利与承担的义务之间是对等的。公法之债理论将公共产品和服务的提供视为债的标的，公民量能缴纳税款只是履行约定，国家量能提供公共产品和服务也是在兑现约定。这种理解有助于促进征纳双方的形式平等，确保税收法律关系可以在本质上体现为一种平等的法律关系，使纳税人享有一系列权利并承担一系列义务，实现权利与义务的平等。

其二，量能平等原则以达到公平结果为价值追求。平等与同等是有区别的。以《中华人民共和国刑法》为例，在适用死刑规则、对未成年犯罪量刑等方面并不能同等论之，这并不违背该法第四条明确的"适用刑法人人平等"的原则。同理，量能平等纳税并不是说每位纳税人应缴纳同样的税额，正如不少学者所言，社会上的所有人都应当按其能力的大小纳税，这就是公平，也是量能平等原则的意义所在，本书不排斥将量能平等原则理解为一种实质的平等，或者是实现公平的必要手段。量能平等原则的确立使纳税人获得了平等纳税资格，虽然纳税额度有所不同，但都是对该原则的有效遵循。有纳税能力的多纳税，纳税能力不足的少纳税或者不纳税，这样一来，可以保证纳税的结果平等和实质平等，这样的立法指导思想和基本原则有利于平衡税收负担。

其三，量能平等原则是实现资源有效配置的关键基础。量能课税主要是由于产品市场和要素市场的不统一导致的。产品市场的不统一，或者说产品市场的分割有以下两种表现形式：一是不同产品的税收待遇（如税率）不同。二是同一产品（货物和服务），不同的生产环节或不同的销售方式会导致税收待遇（如税率）不同。要素市场的不统一，或者说要素市场的分割有以下两种表现形式：一是对劳动者报酬的税收待遇（如税率）不同。二是不同类型企业的所得税税收待遇（如税率）不同。纳税人存在的逻辑起点是福利最大化，纳税人通过选择公共机构来实现福利需求，国家与政府就是纳税人选择的公共机构，它们决定着资源的配置方式，不同配置方式有效性不同。法律作为公共产品，其既规定了资源的流向，又促进了资源的优化配置，社会福利得到进一步提高。量能平等原则可以在确认纳税人平等征税资格以及平等享受公共产品和服务资格后，通过纳税负担的分配，保障纳税人自身及家庭基本生存和发展费用，促进资源配置给"更珍视它的人"，从而优化资源配置。

回到对案例 11-1 的分析当中，上海、重庆两地房产税改革试点工作掺杂了对纳税主体和税收客体的差别对待。一方面，以户籍等标准区分纳税主体，附着于户籍制度的纳税人权利保护十分复杂，将可能引发地位不平等的问题；另一方面，单设住房税目，将住房视为特殊客体并适用特别估价方式和减税政策，使住房有别于一般房产，有违量能平等原则。公平是对配置过程和结果的评价，因此，无论从个人地位还是从住房类别来看，都应该获得平等对待，由此也凸显我国纳税人权利保护过程中确立量能平等原则的必要性。

（三）税收效率原则

税收效率原则是指在征纳行为和税收管理，参与社会收入分配，进行资源配置的过程中，降低成本，增加效益，从而实现税收效率的提升。亚当·斯密在《国富论》中提出了税收公平原则、税收确实原则、税收便利原则和税收最小费用原则，其中后三个原则可以看作是税收效率原则最早的论述。波斯纳指出，征收税额、统一使用的过程降低了资源使用的效率，如果能够使替代效应最小化，那么将有效解决这个问题，而提高税收效率则有利于降低替代效应。对税收效率的最初探讨开始于人们对经济效率的追求，除了帕累托对效率的论述外，阿瑟·奥肯从投入-产出的角度也分析了社会投入不变的情况下，需要寻求产出更多且不减少其他产品的提高效率的方法，效率不仅是经济领域的概念，社会制度同样有效率高低之分。在探讨纳税人权利保护模式的时候，运用成本-效益分析方法可以得出集中专门立法具有明显优势的结论。因此，"纳税人权利保护法"的存在是控制成本，提升效率的制度呼吁。税收效率原则包括三方面含义：

第一，税收的政治效率。首先，"纳税人权利保护法"的订立应该是推行税收征管改革，实现税收管理现代化的重要方式。传统意义上税收征收的行政效率不能完全涵盖税收的政治效率。因为税收的征收，不仅是足额、依法征收，还要考虑过度征收对社会和人民造成的恶劣影响。其次，"纳税人权利保护法"是新时代税收政策的产物。法律层次与税收职能匹配，通过法律规则的先进性和优越性，有效分配征纳双方的权利才能发挥税收的执行效率。最后，重视征纳双方的和谐程度和社会民意对税收执行的反作用是十分必要的。"纳税人权利保护法"的内容需要对程序的合法性和社会群体的诉求予以重视，推动法律层级和效力问题的研究，从而增强纳税人的信心，提高纳税遵从度，促进政治稳定和社会发展。

第二，税收的行政效率。有效率的税收制度要求税收的征收和缴纳过程尽可能降低成本，实现税收成本最低化。"纳税人权利保护法"实现税收的行政效率一方面需要降低征税成本。我国学者运用 C-D 生产函数对我国税收收入和税收投入关系即表达式 $Y = mP^{\alpha}Q^{\beta}$[①]进行了研究，得出了"提高税收行政效率最有效的途径是提高税务行政费用投入"的结论。因此，提升税收活动的专业性和科学性是十分必要的。另一方面需要降低纳税人的纳税成本，即满足亚当·斯密所陈述的便利、节省原则，"纳税人权利保护法"为纳税人获知税收信息、缴纳税收提供便利保障。

---

① Y 代表税收收入；m 代表税收行政效率系数；P 代表税收行政费用投入；Q 代表税收人员劳动投入；α 和 β 分别代表税收行政费用投入弹性系数和税务人员劳动投入的弹性系数，其取值在 0 和 1 之间。

第三，税收的经济效率。经济决定税收，税收反作用于经济，税收作为上层建筑，是经济基础的反映。其产生的分配制度作用于经济运行和资源配置，这是必然的客观规律。"纳税人权利保护法"的税收经济效率一方面表现为税收的中性。税收应发挥市场在资源配置中的决定性作用，避免过度干扰纳税人的生产投资决策、储蓄倾向以及消费选择。高效的政策应是所有潜在各方认可同意的，包括潜在纳税人。经济效率针对社会生产的初次分配，税收效率主要针对社会生产的再分配，因此"纳税人权利保护法"也要顺应国家干预走向适度干预的趋势。另一方面表现为不再导致纳税人的超税负担。超税负担是纳税人（消费者和生产者）在缴纳税款之外蒙受的损失或者承受的负担，这在一定程度上进一步保障了纳税人的财产权。

三、立法体例

除国外的"纳税人权利宣言""纳税人权利宪章""纳税人权利法案"可做借鉴参考外，在我国专门法立法例中，可以将《中华人民共和国老年人权益保障法》《中华人民共和国归侨侨眷权益保护法》《中华人民共和国妇女权益保障法》《中华人民共和国消费者权益保护法》《中华人民共和国军人地位和权益保障法》五部法律的立法体例（见表11-2）作为参考进行分析。

表11-2　我国其他专门法信息

名称	《中华人民共和国老年人权益保障法》	《中华人民共和国归侨侨眷权益保护法》	《中华人民共和国妇女权益保障法》	《中华人民共和国消费者权益保护法》	《中华人民共和国军人地位和权益保障法》
发布时间	1996年8月	1990年9月	1992年4月	1993年10月	2021年6月
最新版本发布时间	2018年12月	2000年10月	2005年8月	2013年10月	2021年6月
章总数	9	—	9	8	7

续表

名称	《中华人民共和国老年人权益保障法》	《中华人民共和国归侨侨眷权益保护法》	《中华人民共和国妇女权益保障法》	《中华人民共和国消费者权益保护法》	《中华人民共和国军人地位和权益保障法》
条目数量	85	30	61	63	71
章标题	总则、家庭赡养与扶养、社会保障、社会服务、社会优待、宜居环境、参与社会发展、法律责任、附则	—	总则、政治权利、文化教育权益、劳动和社会保障权益、财产权益、人身权利、婚姻家庭权益、法律责任、附则	总则、消费者的权利、经营者的义务、国家对消费者合法权益的保护、消费者组织、争议的解决、法律责任、附则	总则、军人地位、荣誉维护、待遇保障、抚恤优待、法律责任、附则
立法目的	保障老年人合法权益,发展老龄事业,弘扬中华民族敬老、养老、助老的美德	保护归侨、侨眷的合法的权利和利益	保障妇女的合法权益,促进男女平等,充分发挥妇女在社会主义现代化建设中的作用	保护消费者的合法权益,维护社会经济秩序稳定,促进社会主义市场经济健康发展	保障军人地位和合法权益,激励军人履行职责使命,让军人成为全社会尊崇的职业,促进国防和军队现代化建设

　　虽然国外的纳税人权利保护专门法提供了一定思路,但需要本土化的漫长过程;纳税人保护的立法精神和目的具有独特性,很难直接照搬五部法律中的任何一部;《公告》直接确认纳税人具体权利虽然是最有效率的办法,但缺乏法律构成要素。国内学者暂时没有形成专门的"纳税人权利保护法"专家建议稿,税法总则的专家草稿中对纳税人权利保护的表述仅宣誓了纳税人权利保护的立场,该立场对税收立法、执法和司法的要求,纳税人权利保护要落实的主要内容(纳税人权利的主要类型),纳税人权利保护的实现机制以及权利不得滥用原则等5个方面。

　　笔者认为,"纳税人权利保护法"应综合"纲领式立法体例"和

"详尽式立法体例"的特点和优势。首先，按照我国立法经验和惯例，在第一章总则部分明确立法目的、法律原则和基本概念。其立法目的应为：为保护纳税人权利，实现课税公平，依照宪法与我国实际，制定本法。以借此突出"纳税人权利保护法"适用的优先性。另外，由于法律原则是通过集中反映法律内容的指导原理和准则，它概括了法律所确认的社会生活规律和国家活动要求，并将其贯彻、辐射到具体法律规范上。因此，税收法定原则、量能平等原则和税收效率原则应成为"纳税人权利保护法"的三大基本原则并在条文中予以体现。其次，分则部分应在第二、三章详尽列举式阐明纳税人权利和义务的内容；在第四章将国家对纳税人合法权益的保护单独规定，要求各级政府加强领导，组织、协调、督促有关行政部门做好保护纳税人合法权益的工作，预防并及时制止危害纳税人人身、财产安全行为的发生，在收到纳税人有关意见时及时调查处理；在第五、六章规定纳税人权利保护相关争议的解决方式和法律责任归属的问题。最后，由于很多国家设有纳税人权利保护机构①

———————————

① 德国的纳税人组织被称为纳税人联盟，通过联盟的活动，对政府的财政税收活动施加影响，从而维护纳税人的自身权益。法国则成立了中小企业管理中心，负责下述事项：帮助小型企业管理账目和进行税收指导，保证申报纳税的真实性和准确性；税收政策法规的宣传传达；建立会员企业名录提供给税务部门，以便使会员单位享受税收优惠，最终起到融洽税企关系、保护纳税人合法利益不受侵害的作用。澳大利亚和德国成立了维护纳税人权益的、定位为社会中介的自治组织——纳税人协会。纳税人协会可以为纳税人提供纳税方面的咨询服务，可以及时了解纳税人对现行税法、税收征管工作的意见或建议，并将其反馈给有关机构。这对于完善现行税法、改革现行征管制度具有积极意义。两国纳税人协会是纳税人根据社会组织运行规则自发组建的社会组织，具有协会自身成立和发展的协会章程，其运行均独立于任何官方机构，且不收取官方机构提供的任何费用，不依附于国家机关，因此能够拥有独立的法律和社会地位。在组织结构方面，均采用会员制，参与其中的纳税人以缴纳会费的方式成为会员，享受一定的会员权利。国外纳税人协会具有较强的独立性和专业性，协会中具有较多会计师、律师等专业人员，能为纳税人提供专业服务。德国纳税人协会中的研究所，更是通过专业的人员、技术和手段收集税务机关及利用税款的公共机关的行为及决策信息，保障纳税人的知情权，通过与国家机关的交流对话，改变其决策，从而保障纳税人权益。

或纳税人保护官制度①，我国消费者权益保护法中也有消费者组织的专门规定，我们应做相应借鉴，在第七章设置纳税人权利保护机构的专章，构建纳税人权利保护的多重机制（见表11-3）。

表11-3 纳税人权利保护法各章重点内容

序号	标题	内容
第一章	总则	明确表述立法目的、法律原则与基本概念
第二章	纳税人的基本权利	列举式阐明纳税人的基本权利（包括税前权利、税中权利、税后权利）
第三章	纳税人的基本义务	列举式阐明纳税人的基本义务
第四章	国家对纳税人权利的保护	要求各级政府、有关行政部门重视保护纳税人合法权益的工作
第五章	争议的解决	明确争议的解决途径
第六章	法律责任	明确侵害纳税人合法权益需承担的责任
第七章	纳税人权利保护机构	规定纳税人权利保护机构的概念、公益性职责等
第八章	附则	明确施行时间等其他规定

---

① 戴芳在《发达国家纳税人权利保护官制度及其借鉴》一文中认为，纳税人权利保护官制度旨在通过设立较为柔性的第三方独立代表纳税人利益的机构来解决纳税人和税务机关之间有关税务征收、执法等相关内容的矛盾，使纳税人权利得以全方位保护和救济。美国、加拿大、韩国的纳税人权利保护官制度在机构设置和职权内容方面各有不同：在机构设置方面，美国纳税人权利保护官处于国税局之下；加拿大则设置于国会，完全独立于征税机关；韩国则在中央和地方国税厅设立纳税人权利保护官。其中，加拿大纳税人权利保护官完全脱离税务机关，更有利于听取纳税人的意见，独立性更强。美、韩纳税人权利保护官独立性方面较弱，但作为解决争议和纳税人权利保障的柔性制度，无疑也能发挥积极作用。在职责内容上，可大致分为4类。一是为纳税人权利保障提供宣传和协助。如当纳税人与征税机关存在争议时，纳税人可向纳税人权利保护官寻求帮助，咨询相关事项。二是居中调和纳税人与征税机关之间的争议，保障纳税人合法权利。如美国纳税人权利保护官有权发布纳税人救济命令，协助解决纳税人与国内收入局对税款征收等相关事项的争议。三是根据纳税人的申诉对征税机关进行调查和干涉，如确定纳税调查和质疑征税机关的服务态度。其中韩国纳税人权利保护官职权尤甚，有权撤销或变更征税机关的违法或不当决定，预先命令停止可能侵害纳税人权利的不当征税行为，中止税务机关对纳税人的税务调查，甚至对税务机关违法或不当的税务行为进行处罚。四是有权对征税机关乃至相关立法改革提出建议，以逐步完善税收法律，规范税收行为，保护纳税人权益。

第十二章

增强"纳税人权利保护法"质效的制度依托

一、"纳税人权利保护法"质效评价体系的构建

党的十九届四中全会通过的《中共中央关于坚持和完善中国特色社会主义制度、推进国家治理体系治理能力现代化若干重大问题的决定》将推进国家治理能力现代化确定为重大战略任务。"纳税人权利保护法"是税法体系的重要组成部分，也是税收制度改革的关键环节。根据我国税收特性（如图 12-1 所示）可知，征纳主体地位悬殊、国家发展依赖税收、纳税人痛感强烈等对制度法治提出要求；税基数量、纳税情况和涉税信息复杂程度对税收协同提出要求；税款使用情况极受关注等对信息对称提出要求；征纳双方权力（利）内容、经济波动对税收确有影响等对财政透明提出要求；纳税人缴纳多种税费且税收知识有限对涉税人员服务专业程度提出要求。根据税收特性和制度要求，笔者建立了专门法质效的评价指标体系，即以纳税人满意度作为专门法质效的内在评价指标和以经济社会发展水平作为专门法质效的外在评价指标。

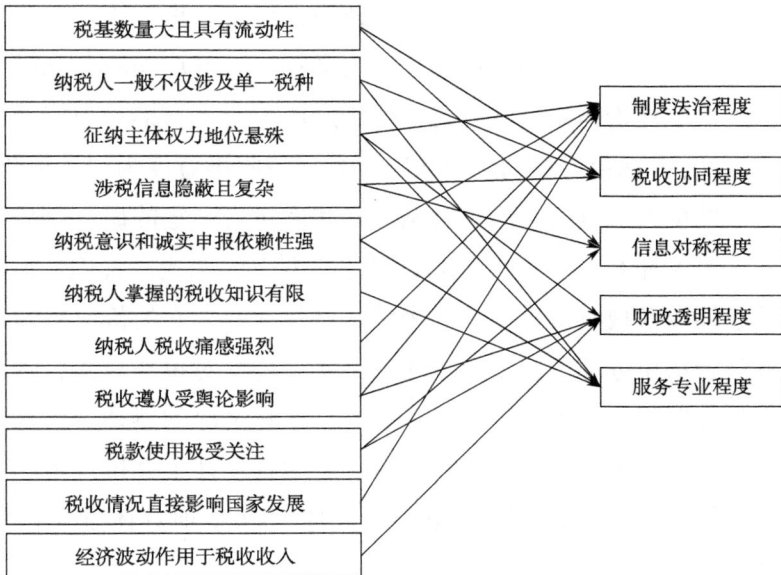

图 12-1　税收特性及其制度要求

（一）以纳税人满意度作为专门法质效的内在评价指标

激发市场主体的活力，有助于降低交易成本，促进国家治理能力提升。我国在提高公众满意度方面与发达国家还有一定差距。党的十八大以来，我国税务机关在降低征纳成本、提高纳税人满意度方面采取了一系列简政放权及优化服务的"放管服"改革措施，产生了一系列积极影响（如图12-2所示）。2021年3月印发的《关于进一步深化税收征管改革的意见》提出了大幅提高税法遵从度和社会满意度，整体性集成式提升税收治理效能的目标。

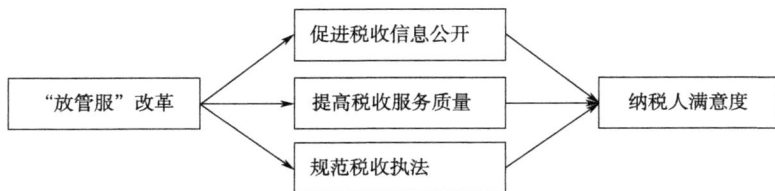

图12-2 "放管服"改革对纳税人满意度的影响

前文分析了国家治理的法治化指标体系，提出该指标体系应该是一套汲取国家治理共性、兼具中国特色社会主义特性、着重关注公众满意度的综合性法治国家评价体系，并以此为据制定法律制度，推动国家治理能力现代化。因此，"纳税人权利保护法"就要以税收满意度为内在评价指标。目前，对于纳税人满意度的测评影响因素和度量有一定的研究基础。有学者强调，纳税人拥有对于税收政策和服务两方面的期望，管理、征收、信息等质量感知以及税收负担、公共物品认可程度两方面的价值感知都十分重要。有学者从税务部门向公众传递的信息、公众对税务总体、管理水平和服务质量的期望、内部程序、服务效率、廉政情况的感知、公众抱怨和信任等方面考虑纳税人满意度影响因素。有学者设计了办税环境、人员水平、税收宣传、合规执法、纳税服务5大项，19小项具体度量指标体系（如图12-3所示）。

"纳税人权利保护法"是为了保护纳税人权利，实现课税公平，依照宪法与我国实际制定的税收法律。因此，该法应该在促进税收信息公开、增强税收程序合理性、提升税收服务质量、监督税收执法活动四个方面着重发力，从而提升纳税人满意度，使专门法质效的内在评价指标得以实现。

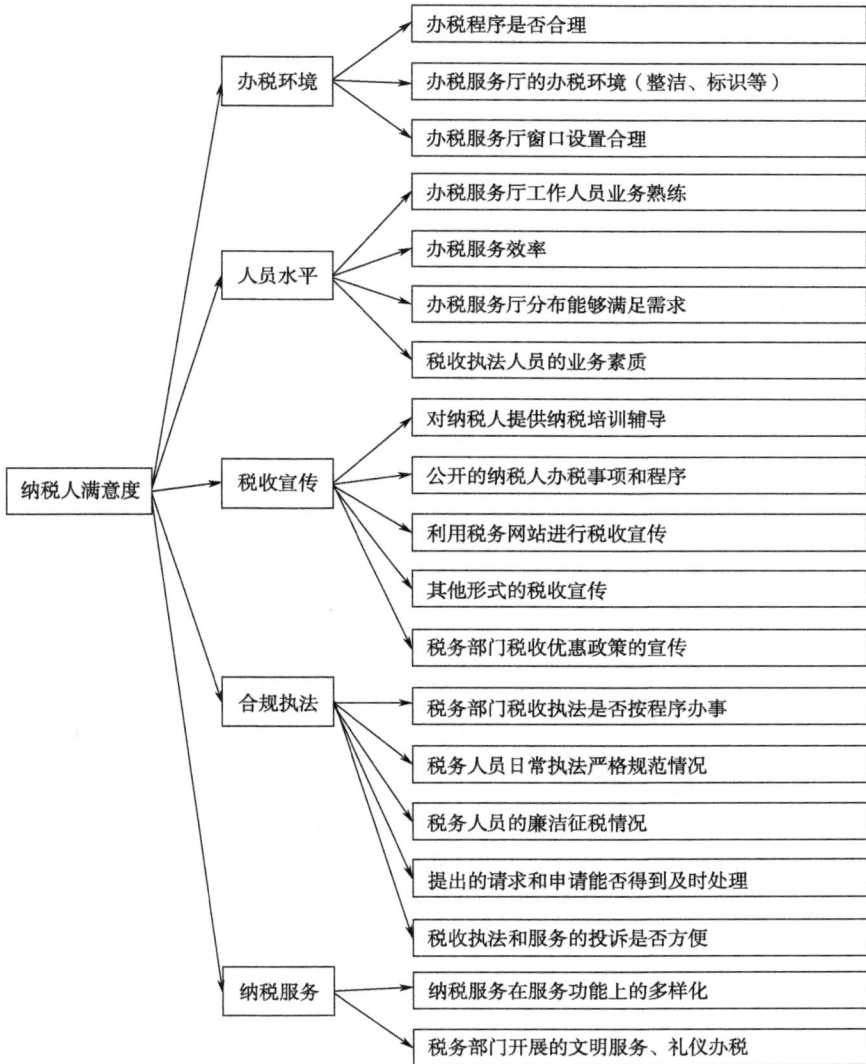

图 12-3 纳税人满意度影响因子

（二）以经济社会发展水平作为专门法质效的外在评价指标

经济社会发展是指构成社会的各种要素前进的、上升的变迁过程，包括社会从低级到高级的运动和发展以及在特定阶段各方面整体运动和发展。中国共产党第十八届中央委员会第五次全体会议指出，必须贯彻创新、协调、绿色、开放、共享的发展理念①。党的十九大报告中重申五大发展理念。表12-1梳理了新发展理念的内容。发展理念引领发展行动，并决定着经济社会发展成效，"纳税人权利保护法"作为一项社会制度，应以新发展理念作为评价子系统，测度该制度质效。

表 12-1　新发展理念的内容

名称	重点关注的问题	问题分析
创新发展	发展动力问题	创新能力不强，科技发展水平总体不高，科技对经济社会发展的支撑能力不足，科技对经济增长的贡献率远低于发达国家水平
协调发展	发展不平衡问题	发展不协调是一个长期问题，突出表现在区域、城乡、经济和社会、物质文明和精神文明、经济建设和国防建设等关系上
绿色发展	人与自然和谐问题	资源约束趋紧、环境污染严重、生态系统退化的问题十分严峻，人民群众对清新空气、干净饮水、安全食品、优美环境的要求日益强烈
开放发展	发展内外联动问题	对外开放水平总体上还不够高，用好国际国内两个市场、两种资源的能力还不够强，应对国际经贸摩擦、争取国际经济话语权的能力还比较弱，运用国际经贸规则的本领也不够强
共享发展	社会公平正义问题	分配不公问题比较突出，收入差距、城乡区域公共服务水平差距较大。在共享改革发展成果上，无论是实际情况还是制度设计，都还有不完善的地方

资料来源：关系我国发展全局的一场深刻变革［EB/OL］.（2015-11-04）［2023-07-02］. http：//opinion. people. com. cn/n/2015/1104/c1003-27773459. html？_t=1446600519033.

第一，在创新发展子系统中，"纳税人权利保护法"应为经济社会发展提供理论和制度创新。着力于优化劳动力、资本、技术等要素配置；落

---

① 中共中央关于制定国民经济和社会发展第十三个五年规划的建议［EB/OL］.（2015-11-03）［2023-07-02］. http：//www. gov. cn/xinwen/2015-11/03/content_5004093. htm.

实深化行政管理体制改革,进一步转变政府职能,持续推进简政放权、放管结合、优化服务,提高政府效能的要求;完善健全现代税收制度,有助于减少政府对价格形成的干预,创新和完善宏观调控方式。

第二,在协调发展子系统中,"纳税人权利保护法"应推动并实现经济社会均衡发展。经济社会发展需要使要素有序配置、自由流动,经济主体获得有效约束,公共产品和服务平等提供。该法着力解决区域发展不均衡、经济主体发展不均衡、物质文明和精神文明发展不均衡的问题,通过权利的行使促进公共服务和公共产品的高质量供给,限制"法外权利"。

第三,在绿色发展子系统中,"纳税人权利保护法"应为税收健康发展提供法律渊源。"绿水青山就是金山银山"。我国通过完善资源税、环境保护税和消费税,构建起涵盖资源开采、生产、流通、消费、排放5大环节多个税种的绿色税制体系,支持绿色发展,推进生态文明建设。"纳税人权利保护法"应有力促进税务机关依法征收绿色税源,对投资于防止污染或环境保护的纳税人依法给予税收减免。

第四,在开放发展子系统中,"纳税人权利保护法"需要顺应我国经济深度融入世界经济的趋势。在理论基础分析、制度比较和专门法构建时,"纳税人权利保护法"通过借鉴国外先进做法和经验,体现出积极参与全球经济治理和公共产品供给的思想。同时,也要通过开放型经济,为我国争取全球经济治理中更高话语权,构建广泛的利益共同体,实现互利共赢的国际经济秩序。

第五,在共享发展子系统中,"纳税人权利保护法"应使人民在共建共享发展中有更强的获得感。发展为了人民、发展依靠人民、发展成果由人民共享。因此,通过"纳税人权利保护法",为增强发展动力、增进人民团结、朝着共同富裕方向稳步前进作出更有效的制度安排,尤其应着力缩小贫富差距、增强公共服务供给、注重公平。

总之,经济社会发展没有上限,也就是说,"纳税人权利保护法"产出越多越好，效用越高越好。从国民经济总体上讲，生产决定税收，税收的增长速度依赖于经济的发展速度，因此该法的效用有赖于经济社会发展水平。经济社会发展水平提升有助于激励创新，提高经济发展效率，推动产业结构优化，从而提升纳税人素质水平和制度遵从程度；而"纳税人权利保护法"是包括税收制度完善、税收管理优化等一系列举措在内的税收系统健康发展的应有之义，会引导和拉动经济社会走上高质量发展道路。因此，经济社会高质量发展与"纳税人权利保护法"之间也存在双向影响。

二、"纳税人权利保护法"依法民主形成以提升立法质效

（一）鼓励纳税人公平参与和积极表达

税收使公民和国家之间具有直接的经济关系，对公民来说，政府服务的直接成本是税收。税收法律关系的两端是国家和纳税人，从国家角度来看，税收的取得和纳税人权利的保障都十分重要；从纳税人角度来看，更关注权利获得保障以及缴纳税款后享受的公共产品与服务。法治秩序的建立不能单凭法律条文和司法机关，还要由人民遵守与执行。如果"纳税人权利保护法"立法程序存在制度缺失，立法随意性将加大，导致立法成为征税权滥用、侵犯公民财产利益的工具，不仅损害税法的权威，而且影响到政府的社会认可度。纳税人越了解权利义务内容，越认为税收制度公平，纳税积极性就越高。因此，纳税人对于税收法律的广泛、深度参与有助于促进纳税遵从。

2005 年 9 月 27 日，个人所得税工薪所得减除标准立法听证会在北京举行，这是全国人大常委会立法中的第一次听证会，会议由全国人大法律委员会、财经委员会和全国人大常委会法工委负责人各一人共同主持，是个人所得税法修正案草案立法过程中的重要参考，标志着我国税收立法乃至整个法治建设在民主立法道路上取得了又一新的进展。

除了确立和施行立法听证制度外，还可以通过降低参与成本、提高参

与收益来增强纳税人参与立法的积极性和表达意愿。立法机关要主动通过媒体向纳税人公布有关纳税人权利立法的进程和阶段性成果,为纳税人提供畅通渠道,使立法机关与纳税主体进行直接的、经济的、合规的博弈,促进公民知情权的实现。对于纳税人的意见要建立专门的反馈机制,根据实际需要和利益冲突来确定主体,对纳税人提出的积极建议要在立法阶段认真采纳。这些都可以化解各利益集团的矛盾冲突,整合利益主体偏好,寻求契合点,在立法中反映最大多数的最大利益,实现最大公约数,以奠定民众认同和支持的基础。

(二) 明确税收法律解释原则

法律解释是对具有法律效力的规范性法律文件的说明。税法对纳税人财产产生影响,对法律安定性要求更加严格,所以税法解释原则上要做不允许滥用权力的解释。"纳税人权利保护法"可以直接地满足纳税人的权利需求,把政府的税收行政权的行使控制在合理的范围之内。与其他法律规范相同的是,税法是一般的法律描述,由于法律的模糊性、不能预见所有情形以及立法技术失误等问题,税法解释必不可少。本书讨论的范围既包括对"纳税人权利保护法"内容的解释,还包括整个税法体系中涉及纳税人权利内容的解释,因而需要明确税法的解释原则。

首先,在解释立场上,应将坚持纳税人主义作为首要原则。税法解释问题归根结底是"国库主义"和"纳税人主义"的选择问题,在实定法范围内作出有利于纳税人还是不利于纳税人解释的问题。纳税人权利保护本身的目的是实现人的自由及尊严,那么税法就应该是谦抑的,核心在于自我约束和克制,这奠定了纳税人主义在解释中的基础性地位。从公法之债理论来看,税收之债作为典型的公法之债与格式合同具有高度耦合性,那么倾斜弱者的"不利解释"规则为纳税人主义提供了逻辑遵循。

其次,在解释目标上,应以规范税务机关自由裁量权为重要原则。税法解释中最应关注的是税务机关自由裁量权的合理行使问题。从文本的法到行动的法的转变中，解释无疑起着媒介的作用。税法解释是解释主体的一项积极的活动，通过解释，可以将税法规范生动运用于具体而复杂的法律活动中，发挥效用。税法解释属于行政机关内部的行政活动，以统一见解，防止行政裁量流于擅断。尤其是对于税收行政处罚，更应该严格解释规范，明确执行标准，体现过罚相当、公平处理的原则，最大限度避免税务机关行使税收自由裁量权时的主观随意性。

再次，在解释过程中，应坚持"纳税人权利保护法"的法律原则。税法解释时要体现税收法定主义原则。作为税法的基本原则，税收法定主义所倡导的核心主张是纳税人与国家就纳税人的税负水平能够有平等的协商权利，因此，不仅法律的制定要遵从法定主义，税法解释也要接受制约，完成良法的重塑。同样的，量能平等原则从宪法的平等原则而来，体现了税收公平，税法解释不能加重纳税人的课税负担，也要联系纳税人客观上的负担能力，尊重纳税人的生存和发展的权利。法律是稳定的，社会是前进的，因此，基于效率追求，税收解释要有利于政治稳定、社会发展和经济水平的提升，综合运用文义解释、体系解释、历史解释、立法目的解释等法律解释方法，加快税收体制改革，形成国家与纳税人之间的良性互动。

最后，在解释程序上，应坚持程序合法唯一原则。程序决定了法治与恣意人治之间的基本区别。解释法律可以由纳税人、律师、专家等任意进行，但是法律解释只能由具有解释权的人或机关站在法律的角度，运用法律思维方法，遵循法律合法性、客观性和规律性进行有利于法律施行的、具有与法律同等约束力的阐明。由于征税权扩张和纳税人权利保护常存在分歧，税法内容本身具有专业性、复杂性和体系性，因此科学的立法程序就需要被确立和运用。按照一定的顺序、程式和步骤进行的法律解释可以满足法律体系的融贯性需求，保证决定和选择是理性客观的，可以得到社会认可和遵循。

在我国法律解释领域，把"需要进一步明确界限或作补充规定的解释权"配置给了立法机关，把"具体问题的应用性解释权"配置给司法机关和行政机关。笔者较为认可这种解释权限的配置方式，但由于立法授权、转授权的存在，以及执法者与立法者重合等问题，税法解释可能会出现不规范的问题。相信通过明确税法解释原则，促使有解释权力的机关按照法定程序，以纳税人为中心，着力于限制行政权力的行使，遵循专门法的三大法律原则，将有助于专门法的有效施行。

三、"纳税人权利保护法"依法高效运行以提升执法质效

（一）降低自由裁量权的消极影响

在现行行政法领域，自由裁量处于核心地位，甚至行政法被裁量术语统治着。对行政自由裁量，英美国家具有一致的认识，如戴维斯所表述的可以在作为、不作为之间做出选择的权利以及韦德和福赛表述的作为或不作为以及怎样作为的权力。自由裁量之所以被选择性认同，是因为长期以来机械执法割断了法律和社会之间的紧密联系，绝对的法律决断论演化为批判的对象。按照权力分立的一般原理，立法机关主司立法权，执法机关主司行政权，全能部门之间各司其职，共同维护法律制度的平衡，但实际上，税务机关的自由裁量权，为其"借解释之名，行立法之实"提供了充分的土壤。

税务机关的自由裁量权，是其在税收执法过程中，对一些征纳事项享有的具有选择余地的处置权力。它表现为以下几个方面：其一，由于税法对权力没有规定或规定得较为粗略，税务机关可以自行决定是否行使权力和行使方式；其二，税务机关可以在税法规定时间内自行选择行使权力的时间；其三，税务机关可以按照税法规定的幅度自行决定权力适用种类和幅度。

"保证税务官员做其应干的工作而不是其他事情的最基本方法，就是将税务官员与纳税人打交道的自由裁定权降到最低限度。税务官员和潜在的纳税人之间谈判的空间越大，纳税人行贿、税务官员独断地索贿以及双

方合谋的空间就越大。"与西方国家的"租税国危机"不同，我国纳税人权利保护面临的问题是，在计划经济时代遗留的"全能政府"观念影响下，中国政府总体上倾向于把税收问题当作一个单纯的经济问题来处理，从而回避其中的政治意义和影响，纳税人对国家征税权缺乏有效限制，从而产生了控权危机。在"纳税人权利保护法"中，奉行纳税人主义是对权力的极大约束，因而在法律适用的过程中就要注意压缩自由裁量权的行使空间。

在纳税人权利相关制度的实施过程中，自由裁量权必不可少，因此就要做好权力的约束和规范。在权力行使前要明确，如图12-4所示，自由裁量权不是任意裁量。失去限制的自由裁量权就是任意裁量，它被陈瑞华教授称为"脱缰的野马"。自由裁量之自由伴随着对权力行使的制度、程序、价值、规则等方面的限制，是运用法律思维方式，辩证灵活地进行执法活动。任意裁量之任意将有损税务机关形象和权威，阻碍税收政策推行，进而影响税款顺畅征收。因此，如何使财税部门拥有合理的自由裁量权，就成了当下亟待解决的关键。

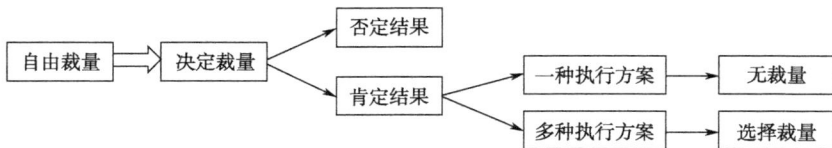

```
自由裁量 ──→ 决定裁量 ──→ 否定结果
                      └──→ 肯定结果 ──→ 一种执行方案 ──→ 无裁量
                                    └──→ 多种执行方案 ──→ 选择裁量
```

图12-4　自由裁量的实施流程

首先，需要细化标准，压缩弹性。执法标准明确细致，压缩权力行使的空间，降低不同标准之间的区别，可以有效遏制自由裁量的弊端。其次，公开税务信息，降低信息不对称造成的损失。使可以公开的政策、数据、处理结果、税务信息等呈现在"阳光下"，通过办税服务厅公告栏、税务网站、媒体等形式对外公布，披露重大涉税事项，减少信息失衡，消除执法不到位情况。再次，还需要考虑建立长效制度，完善问责机制，建立自由裁量责任追究制度。《关于全面推行税收执法责任制的意见》《税收执法过错责任追究办法》《国务院办公厅关于推行行政执法责任制的若干意见》要求各级税务行政机关依据其职能和法律、法规的规定，科学明责、担当履责、严格追责，将职权以责任形式设定，将职责和任务进行分解，明确相关税务执法机构、岗位和人员的责任，以监督考核为手段，从而形成的主体自律、补救和防范等各项制度的总和。这需要各级税务机关拥有不断调整细化标准的自觉性，建立结构合理、配置科学、程序严密、制约有效的权力运行机制，使行政权力的运行始终处于公开、透明、可控的良性循环中，防止税收行政执法权力的缺失和滥用。最后，做好指导、引导工作，严厉落实追责制度。通过制定明确的量罚办法，发布指导性案例，形成统一行为规范；通过严肃处理、追责到底，打击有失公允的执法行为，防止税款流失，及时纠错改误。

（二）增强信息化建设对科技兴税的正向作用

表 12-2 列出了我国税务系统 2014—2021 年开展"便民办税春风行动"的主题和内容，不难发现，科技已经对提升纳税服务质量、提高办税活动效率、加大税务宣传力度和实现信息共享带来了新的目标追求和路径遵循。

表 12-2　2014—2021 年"便民办税春风行动"的主题和内容

年度	主题	内容
2014	提速	推行首问责任制、提高办税服务效率、公开行政审批清单
2015	规范	持续提高服务效率、规范纳税服务流程
2016	改革·合作	统一执法尺度、打造综合纳服平台
2017	提升·创响	深化国税地税联合办税、简并涉税资料报送、采用创新方式加大宣传力度
2018	新时代·新税貌	加快电子税务局建设、优化税收营商环境、推进社会信用共治
2019	新税务·新服务	落实减税降费政策、纳税服务提速增效、改善"线上"和"线下"服务渠道

续表

年度	主题	内容
2020	战疫情促发展·服务全面小康	加强税收优惠政策宣传、大力推广非接触式办税缴费服务、积极推动企业复工复产
2021	优化执法服务·办好惠民实事	便捷办税，难题分类，规范执法，信息共享，加强部门协作和国际合作，激励诚实纳税

为了提升我国的税务治理水平，在互联网、移动互联网、大数据、云计算、人工智能、区块链技术逐步成为影响税收征管工作重要科技力量的背景下，税务机关的管理在对内对外等各个环节都发生了根本性的变化，大量科学技术是最重要的工作方法之一。

1. 确定科学兴税的需求导向。要研究税务机构的科学优化设置问题，首先要明确以"为纳税人提供服务"为导向。从世界各地的情况来看，每年纳税人用于办税的时间和金钱成本都是十分惊人的。美国20世纪末就对税务组织按纳税人服务类型进行了改造，以保证为纳税人提供高效服务。我国也应该继续坚持科学兴税，用"金税工程""科技+管理""互联网+税务"行动、信息管税、以数治税、智慧税务等项目的科技进步，借助综合办税平台、发票综合管理平台、纳税服务综合平台、税收评估分析决策平台，为提升纳税服务工作效率提供强大动力和支撑。

2. 建立信息化的税收管理系统。经过十几年的努力，我国国家税务总局已经建成覆盖总局、省局、市局、县局的四级专线广域网，各级税务机关可以随时了解税收征管工作过程和结果。为了保证纳税人权利的有效运行，应充分开发和利用信息技术，建立和完善全国统一规范的技术基础平台，开发税收征管、行政管理、外部信息和决策支持四大应用系统；将税务信息化技术创新与税收管理模式更新结合，形成操作人员与科学技术与时俱进，迭代进步，良性互动；通过完善税务信息网络系统，搜集、整理、归纳税务信息，实现纳税人足不出户就能掌握事关自己切身利益的各种资料的效果，这是节省办税人员成本、保障纳税人信息知情权的技术基础和物质基础。

3. 完善便捷高效的申报征收方式。便捷的信息化申报系统既能实现纳税人选择申报方式的权利，还能压缩基层征税人员成本，从而使网上报税越来越被纳税人接受，并逐渐成为一种潮流。信息化申报系统不仅有利于规范征管流程，减少"人情税"漏洞，还有利于在税收监控和检查上抽取数据，统计、查询、考核、分析，把各环节静态、动态的征管信息加以归集，提高执法水平，同时可以在时刻错峰、场所错峰、渠道错峰上贡献力量。

4. 科技手段促进纳税人懂法懂税。2019 年，我国 12366 纳税服务热线来电总量达 6 000 万次，比 2018 年增长 18.7%。侧重解答质量，考评平均等待时长、通话时长、转人工等待时长等指标，有利于提高咨询服务热线的运行质效；质量管理、现场管理、绩效管理、培训管理、服务沟通和情绪管理等内容将有利于帮助纳税人懂法懂税。除了纳税人主动通过纳税服务热线咨询纳税问题，政府还应该加强纳税宣传，为纳税人提供学习培训的机会。通过对纳税人学习意愿的调查（见图 5-6）不难发现，纳税人中存在部分不愿意接受学习和培训的情况，这将不利于纳税人树立科学缴税的信心。我国与国外地区都出版了"税务指南"以帮助纳税人了解税收，但是其更新速度、税收筹划指导、权利救济指导等方面存在不足；通过纳税服务平台、官方微信公众平台、移动客户端等线上渠道宣传税收知识的广度和深度不足；在学历教育期间没有接受到专业的税收知识都对科学兴税提出了新的挑战。

四、"纳税人权利保护法"依法救济权利以提升司法质效

权利依赖救济。有权力必有救济。根据调查，我国纳税人在受到不公平待遇时选择沉默的概率大于或等于选择通过司法途径救济的概率（见图 5-3）。正如法谚所云："迟到的正义即非正义。"完善纳税人重要的程序性、救济性权利，对保障纳税人的各项权利的有效实现十分重要。

（一）增强税收复议制度的相对独立性

税务行政复议具有准司法性质，它是税务机关内部的约束机制，承担了"筛子"功能。税务机关可以通过该制度高效进行自纠行为，具有很强的专业性，在解决争议方面具有一定优势。该项制度在监督行政行为、保护纳税人合法权益的同时，还能减轻法院诉讼压力，及时在税务机关内部解决矛盾，降低维权成本。为了尽可能地使行政复议保持中立与公平、公正，就需要增强税收复议机构的相对独立性——它可以最大限度地提高税务行政复议的公信度，吸引纳税人主动采纳复议程序。

在独立性上，我们将其分为两个方面：

其一，补足税款不应成为税务行政复议的前提。税务领域的"双重前置"指税收争议救济程序中的"纳税前置"和"行政复议前置"。尽管在调查中，我们发现有将近一半的纳税人认为在申请复议、上诉或起诉之前需要补足税款是合理的，但笔者认为这并不能作为"补足税款，即有资格享受救济权"理论的支撑依据。部分国家规定了纳税担保制度，如日本纳税担保可以采用保证人、抵押、质押、保证金等方式，适用范围也较为广泛，包括税款缴纳期限的延长、暂停征收税款、申请延期或解除扣押等情形；德国纳税担保方式有保证人、抵押、质押，其适用范围包括纳税期间的延长、税收核定的停止、提前清偿、清偿期的延展、延期缴纳、执行停止等，此外对纳税担保人的资格认定也有较为完善的规定。这两个国家对纳税担保的适用融合了民法规范，且着重维护纳税人的担保自由，只要纳税人提供的担保符合法定要件，征税机关便不得干预。但是，很少有国家将缴纳税款或者提供担保作为纳税人获得救济的条件：美国纳税人如果对国税局检查核定的纳税数额有异议或被要求补缴税款，可直接申请复议；加拿大等国家实行了复议中止执行制度，即除特殊情况外，税务复议期间停止执行；在新西兰、日本等国家，纳税人提起复议时仅需缴纳争议税款金额的一半。因此，税款补足与否不应与救济权利享受与否对等，税款多少更不应对救济权利的质量产生影响，这可以避免金钱与权利之间产生联系。

其二，税务行政复议工作应具有独立性。行政复议具有准司法性。我国近年来税务行政复议数量逐渐增多，美国、加拿大等国的税务行政复议案件数量相比之下更多。从我国当前的税收行政复议模式看，税收行政复议机构隶属于各级税务机关，其职能往往还兼顾监督检查、科研培训、制度订立推行等，因此无法保证其职能的独立性。而由于隶属关系，税收行政复议机构与征收、稽查等其他部门之间联系紧密，独立公正更难确保，即使做到了依法、中立地履职，纳税人也很难相信。此外，上一级税务机关对下一级税务机关的复议制度，以及国家税务总局复议自己做出的具体行政行为，都存在"自己做自己的法官"的嫌疑。

通过比较借鉴国外税收行政复议机构设置的经验和实践，我国可以考虑单独设立各级税收复议委员会，直属于国务院和各级人民政府。也可以学习英国设立行政裁判所，由中立的仲裁机构承担复议工作。或者学习日本在国税厅设立国税不服审判所，所长行使审判权，不受其他人员和机构管辖与制约，独立行使税务复议权。最后一种解决办法比较符合我国本土情况，能够在满足投入较低成本的要求下，增强复议机构独立性，消除其与征管、检查机构的联结和制约关系。

（二）设立税务法庭以满足税务诉讼的专业性要求

"纳税人权利保护法"中已赋予纳税人在权益受损时的救济途径，为有效发挥其维权法器公正化、国家治理能力现代化的应有效果，有必要将涉税行政案件从行政法庭中分离，设立专门的税务法庭，对涉税案件进行审理，从而在组织运行体制层面保证涉税裁判的独立性、专业性以及高效性，进一步提升涉税司法裁判的公信力。

设立税务法庭的必要性体现在以下三个方面：其一，涉税案件数量逐年增多。如前所述，2020年度涉税案件相较于2015年呈倍数型增长。2019年之前，我国的个税代扣代缴使纳税人几乎无须与税务机关直接接触，治税新格局下，税务机关针对个人纳税人具体行政行为会有数量上的指数级增长。其二，涉税普通案件、公益诉讼案件专业要求较高。因案件内容特殊性，法官需要全局把握国家税权分配初衷，梳理国际经济贸易关系，掌握实质性审查情况以及储备相应财会、税收知识。其三，多元化纳税主体对税收执法规范性、税权约束力度、纳税人权利实现程度等的诉求转化为对税收司法公平的期待，从而使税收司法裁判的专业性和效率性标准越来越高。

而综观美国、英国、法国、德国、日本、澳大利亚等国家都设有税务法院或法院内设税务法庭。美国税务法院由税务专家处理特定税务纠纷，纳税人不用"双重前置"即可直接起诉。此外，国会在税务法院下还设置了小额诉讼法院，处理5万美元以下的欠税决定，纳税人胜诉时可以要求税务机关支付诉讼费、律师费等费用。加拿大针对所得税、消费税、养老金和失业保险金相关案件设置了税务法院，但需履行"复议前置"程序。税务法院审理程序以标的额12 000美元、案情复杂、审理周期有可能超3个月为依据，区分为正式程序和非正式程序。德国设立了税务法院和审判分流的审理程序，包括独任法官审判分流、合议庭法官审判分流、事实审程序分流，税务诉讼最高审级为联邦财税法庭，其裁判为终审裁判。

截至目前，我国税务诉讼一审案件最多的年度也不足1 000件，而美国则多达3万件，加拿大也有5 000余件。尽管每年我国涉税案件比欧美国家数量少很多，但在不远的将来，随着"纳税人权利保护法"的出台，特别是在房产税的颁布和全面推行之后，涉税案件将呈指数级增长，而税务法官的专业性需要我们尽早做出知识和人员的专业性储备。国外专门的税务司法制度对纳税人利用司法资源实现权利救济起到了推动作用，这些实践经验可以为我国纳税人权利的司法救济提供完善思路。虽然如何设立专门税务法院任重而道远，但外国案件分流和保障税务案件审理专业性仍值得我们借鉴。

值得一提的是，因极强的专业性，我国知识产权案件和环保纠纷案件与涉税案件高度相似，知识产权法院及环保法庭的设立经验都可以有效指导税务法庭的设立工作。世界范围内司法进程的发展趋势是法院审理机制趋于专业化、精细化，设立专门审判法院或法庭以满足知识产权、税务、环保、家事等专业案件的需要是通行做法，我国也应尽快推动税收司法专业化进程，最大限度地提升税收司法裁判的公信力。

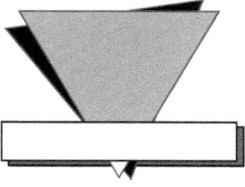

结论

从历史发展来看，纳税人权利保护在各学科理论的支撑下呈现关注度不断升高的趋势。本书从税收本质出发，通过从税收国家理论、社会契约理论、公共财政理论、公法之债理论和国家治理理论角度分别论述了纳税人权利保护的逻辑起点、政治学依据、经济学依据、法学依据和管理学依据，对纳税人权利保护制度存在的正当性进行分析，多维度探寻纳税人权利保护的理论根源和具体发展方向，总结我国纳税人权利保护面临的现实困境，有针对性地运用法律经济学方法进行分析，探讨我国纳税人权利保护制度较为合理的路径选择。分析中，我们可以看到，虽然我国税法体制中对纳税人权利保护有所涉及，但依然存在诸多有违现代税法之正义和公平要求的问题。其原因主要在于传统税收征纳主体特点、行政化色彩浓郁的义务本位思想以及国库主义驱使下征税权力难以约束等，这些与纳税人逐渐完善的权利意识形成强烈对比，一定程度上带来了政府信任危机，进而影响社会发展水平。随着治税新格局的目标转变，我国正处于新一轮税制改革、全面实现治理现代化的关键时期，税收亦提升到国家治理工具的高度。虽然纳税人权利保护将面临新的挑战，但这也为我国完善立法提供了一个良好的机遇。综观其他国家和地区，以纳税人（权利）宪章、法案为代表的纳税人权利保护专门立法成为一种趋势，尤其是在大陆法系国家，作为税收基本法或税法典缺失下的弥补措施，纳税人权利保护法除了发挥约束税收立法、执法、司法以及税法解释等课税权实施活动的功效，还在纳税行为发生前和完成后赋予了纳税人一定的权利，从而承担起具体化宪法规范的重任。在面临经济全球化、一体化，疫情常态化影响发展步伐和国际局势日益紧张的现实形态下，我国必须全面调动各经济主体的积极性，适时制定纳税人权利保护法，规范政府课税行为，推动经济健康持续发展，维护社会和谐稳定。

因此，无论是从解决我国实际问题出发，还是基于其他国家和地区可借鉴的经验，我国都应当将制定纳税人权利保护法提上立法议程，形成健全的纳税人权利保护机制，实现宪法性税法基本原则及其具体化规则以及有利于纳税人权利保护的一般法律原则在税法中的成文法化，补充完善纳税人税前、税中和税后权利的内容，推行一系列法治举措，保障专门法的有效施行。在实现义务本位向权利本位的根本性转变过程中，提升国家为纳税人提供完善征纳服务的使命感，促进纳税人良好纳税遵从，保障纳税人权利的有效实现，最终完成建成富强、民主、文明、和谐、美丽的社会主义现代化强国的奋斗目标。

本书研究也有诸多不足。其一，在问卷的设计上不够完善，没能充分将研究的具体内容展示于问卷中；受试者异质性不足，导致数据的全面性和准确性有所欠缺。其二，运用经济学方法分析较为浅薄，不能游刃有余地结合经济学分析方法和法学分析方法。一些章节的分析还缺乏科学的数据支撑。其三，由于本书论述的主题较为宏大，是要通过论证订立一部专门的法律，且涉及国之根本——税收收入，因此，由于笔者研究能力有限，不能深入、细致、全面地逐一论述专门法的具体内容，仅做框架性、保守性、浅显性探究。未来，笔者将继续通过问卷调研、理论研究、案例分析等途径，运用法律经济学方法，对具体权利项目进行研究和分析。

调查问卷（部分问题）

1. 您所在的国家或地区为？

A. 美国

B. 英国

C. 日本

D. 中国大陆

E. 中国台湾

F. 其他（可注明_____）

2. 您的最终学历是？

A. 高中及以下

B. 专科

C. 本科

D. 研究生

3. 您所在企业主营业务属于哪类行业？

A. 农林牧渔业

B. 制造业

C. 批发零售业

D. 建筑业

E. 租赁和商务服务业

F. 住宿和餐饮业

G. 交通运输仓储和邮政业

H. 科学研究和技术服务业

I. 居民服务、修理和其他服务业

J. 金融服务业

K. 教育、医疗行业

L. 其他（可注明_____）

4. 作为纳税人，您了解自己的权利义务吗？

A. 非常清楚

B. 比较清楚

C. 不太了解

D. 完全不了解

5. 如果您认为出现了不公正的征税行为，您会怎么做？【可多选】

A. 我知道维权电话或邮件地址，可以拨打电话或发邮件举报

B. 我所在地区有专门纳税人权利保护机关，我可以去现场或线上咨询

C. 我不知道举报电话、邮件地址或专门保护纳税人的机关，但我会去税务部门反映情况

D. 我会直接采取上诉或者申请行政复议的方式

E. 我会提起行政诉讼，起诉税务机关

F. 选择沉默

6. 您认为在申请复议、上诉或起诉之前需要补足税款是合理的吗？

A. 是

B. 否

7. 您最在意哪种权利？【可多选】

A. 减税免税

B. 税款用途公开

C. 对税收行为不服的上诉权

D. 税收筹划权（合理避税）

E. 参与立法权、税收同意权

F. 权益受到侵害时获得帮助和补偿

G. 监督国家税款使用和税务机关征税行为的权利

8. 您所在国家（地区）有专门的法律保护纳税人权利吗？

A. 有

B. 没有

C. 不了解

9. 您或者其他人在缴税时遇到过不公平处理或对待吗？

A. 有

B. 没有

10. 您所在国家（地区）在税务稽查、检查、抽查时会告知纳税人其拥有哪些权利？【可多选】

A. 具有听证的权利

B. 具有上诉或申请行政复议的权利

C. 具有提起行政诉讼的权利

D. 具有拒绝缴纳税款的权利

E. 不知道

11. 您希望通过何种方式参与税收立法？【可多选】

A. 随时以电话、邮件等形式直接提出建议

B. 随时到接收立法建议的地方现场咨询

C. 申请参加立法听证会

D. 在意见征集阶段按要求提出建议

E. 我不想参与

12. 如果每年纳税人可以免费获得学习的机会，您愿意学习什么？【可多选】

A. 听取税款去向相关分析

B. 学习如何进行税收筹划

C. 学习纳税人有何种权利

D. 学习权利被侵犯时的救济方式

E. 我不愿意学习

13. 2020 年您或您所在企业在您所在国家或地区享受过以下哪些税费优惠政策？【可多选】

A. 小型微利企业所得税优惠

B. 小规模纳税人月销售额 10 万元以下免征增值税

C. 阶段性减免企业养老、失业、工伤保险单位缴费

D. 阶段性减免小规模纳税人增值税

E. 小型微利企业和个体工商户延缓缴纳 2020 年所得税

F. 疫情期间房产税、城镇土地使用税减免

G. 个人所得税专项扣除

H. 其他（可注明_____）

I. 无

14. 您认为您所在国家或地区的税务机关在提升纳税人税法遵从度上需做哪些工作？【可多选，最多选 3 个】

A. 税收政策宣传更精准，明确纳税人的权利义务

B. 服务措施更精细，响应纳税人需求，保障纳税人权益

C. 简化办理程序，提高办理效率，降低办理成本

D. 规范执法行为，营造公平公正的税收环境

E. 充分发挥社会化力量（税务师事务所等中介机构），提升全民纳税意识

F. 加大对违法行为（偷逃税等）的惩戒和打击力度，推进精准监管

G. 实施更大力度的违法（偷逃税等）举报奖励

H. 简化税制，提高政策确定性和透明度

I. 其他（可注明_____）

J. 不了解或不关心

15. 您认为您所在国家或地区关于纳税人权利保护需要提升的方面有哪些？【可多选】

A. 税收政策公开

B. 税收优惠普及

C. 发票管理制度公开

D. 税款、纳税情况公开

E. 举报制度及渠道

F. 税务法庭专业性

G. 提供税收相关知识

H. 其他（可注明＿＿＿＿＿＿＿＿＿＿）

16. 您对纳税人权利保护现状满意吗？

A. 非常满意

B. 基本满意

C. 不太满意

D. 很不满意

17. 您对作为纳税人的权利需求提出的其他建议（问答题，非必填）。

参考文献

［1］BECKER G S. Crime and punishment: an economic approach ［M］. London: Palgrave Macmillan, 1968: 13-68.

［2］CARMILLAE E W. Tax procedure and tax fraud in a nutshell ［M］. 3th ed. St. Paul, MN: Kluwer Law International, 2004: 161, 5408.

［3］CHODOROV F. Out of step ［M］. New York: Devin-Adair, 1962: 216-239.

［4］COWELL F A. Cheating the government: the economics of evasion ［M］. Cambridge, Mass.: MIT Press Books, 1990: 1.

［5］FELD L P, KIRCHGÄSSNER G. Direct democracy, political culture, and the outcome of economic policy: a report on the Swiss experience ［J］. European journal of Political Economy, 2000, 16 (2): 287-306.

［6］GRASMICK H G, BURSIK R J, Jr. Conscience, significant others, and rational choice: extending the deterrence model ［J］. Law and society review, 1990 (1): 837-861.

［7］LOSANO M G. Sistema e strutturanel diritto: Volume II ［M］. Milano: Giuffre Editore, 2002: 15.

［8］MUSGRAVE R A. The theory of public finance: a study in public economy ［M］. New York: Mc Graw-Hill, 1959: 180-194.

［9］NORTH D C, THOMAS R P. The rise of the western world ［M］. Cambridge, Eng.: Cambridge University Press, 1973.

［10］OECD. Tax administration, comparative informationon OECD and other advanced and emerging economies ［R］. Paris: OECD Publishing, 1990.

［11］SCHUMPETER J A, SWEDBERG R. The crisis of the tax state

［M］．Princeton：Princeton University Press，1918．

　［12］POPŁAWSKI M. Overview of the recent changes of the polish tax rules and support for taxpayer［J］．Studies in logic，grammar and rhetoric，2019（3）：111-121．

　［13］阿部徳幸．韓国国税庁『Green Book 2013』にみる税務調査手続きの概要［J］．関東学院法学，2014（1）：69-100．

　［14］山下学．カンボジア王国の納税者権利憲章［C］//立正大学法学部創立三十周年記念論集．東京：立正大学，2012：195-224．

　［15］奥肯．平等与效率［M］．成都：四川人民出版社，1988：109．

　［16］奥尔森．权力与繁荣［M］．上海：上海人民出版社，2005：15-17．

　［17］安守廉，唐应茂．论法律程序在美国市场经济中的关键作用［J］．中外法学，1998（2）：125-127．

　［18］萨缪尔森，诺德豪斯．宏观经济学［M］．萧琛，等译．16版．北京：华夏出版社，1999：5，268．

　［19］北野弘久．日本国宪法秩序与纳税者基本权：租税国家的宪法保障装置［J］．陈刚，雷田庆子，译．外国法学研究，1998（2）．

　［20］北野弘久．税法学原论［M］．陈刚，杨建广，等译．4版．北京：中国检察出版社，2001：6．

　［21］北野弘久．税法学原论［M］．郭美松，陈刚，译．5版．北京：中国检察出版社，2008：294．

　［22］北野弘久．纳税者的基本权论［M］．陈刚，等译．重庆：重庆大学出版社，1996．

　［23］萨拉尼．税收经济学［M］．陈新平，王端泽，陈宝明，等译．北京：中国人民大学出版社，2005．

　［24］彭梵得．罗马法教科书［M］．黄风，译．北京：中国政法大学出版社，1992：284．

［25］波斯纳.法律的经济分析［M］.蒋兆康，译.北京：中国大百科全书出版社，1997：25.

［26］蔡秀玲.新中国成立 60 年我国税制的沿革与思考［J］.经济研究参考，2009（67）：45-52.

［27］陈国富.法经济学［M］.北京：经济科学出版社，2005：231.

［28］陈少英，王垮.纳税人权利保护探析［M］//刘剑文.财税法论丛：第八卷.北京：法律出版社，2006：33.

［29］陈瑞华.脱缰的野马 从许霆案看法院的自由裁量权［J］.中外法学，2009，21（1）：67-81.

［30］陈清秀.税捐法上法律关系论［D］.台北：台湾大学，1984.

［31］陈清秀.税法总论［M］.北京：法律出版社，2019：272.

［32］陈培永.当代中国推进国家治理现代化的理路考量［J］.理论视野，2017（9）：18-20.

［33］陈咏梅.社会组织参与社会治理之制度安排［J］.广西大学学报（哲学社会科学版），2018，40（6）：112-118.

［34］陈岳敏，章师畅.提高税务稽查查处力度，促进纳税遵从［J］.税务研究，2019（12）：118-119.

［35］陈金钊.制度实施能力的提升［J］.东岳论丛，2020，41（4）：114-125，192.

［36］池生清.德国税收救济制度的建构原理初探［J］.税务研究，2017（2）：76-81.

［37］丛中笑.法治国家视角下的公共财政［J］.财贸研究，2009，20（4）：145-151.

［38］戴燕.地方经济立法成本效益评估制度研究［D］.长春：吉林大学，2020.

［39］邓辉，王新有.走向税收法治：我国税收立法的回顾与展望［J］.税务研究，2019（7）：58-61.

[40] 丁一. 纳税人权利研究 [M]. 北京：中国社会科学出版社，2013：103.

[41] 董振华. "以人民为中心"的理论逻辑和政治价值 [J]. 中共中央党校学报，2017，21（6）：27-33.

[42] 范卫国. 税收行政公益诉讼的理论困境与制度突围 [J]. 新疆社会科学，2020（6）：70-76.

[43] 方赛迎. 改革开放30年我国税法建设的回顾和展望：基于纳税人权利保护的视角 [J]. 税务研究，2009（1）：67-71.

[44] 方新军. 内在体系外显与民法典体系融贯性的实现：对《民法总则》基本原则规定的评论 [J]. 中外法学，2017，29（3）：567-589.

[45] 冯诗婷，郑俊萍. 税收本质与纳税人权利保护之理论基础 [J]. 税务研究，2017（3）：70-74.

[46] 付子堂，张善根. 地方法治建设及其评估机制探析 [J]. 中国社会科学，2014（11）：123-143.

[47] 高强. 外国税收制度丛书：加拿大税制 [M]. 北京：中国财政经济出版社，2000.

[48] 高培勇. 公共财政：概念界说与演变脉络：兼论中国财政改革30年的基本轨迹 [J]. 经济研究，2008，43（12）：4-16.

[49] 高军. 纳税人基本权研究 [D]. 苏州：苏州大学，2010.

[50] 甘功仁. 纳税人权利专论 [M]. 北京：中国广播电视出版社，2003.

[51] 葛克昌. 国家学与国家法：社会国，租税国与法治国理念 [M]. 台北：月旦出版社股份有限公司，1996：145-148.

[52] 葛克昌. 税法基本问题：财政宪法篇 [M]. 北京：北京大学出版社，2004：6.

[53] 葛克昌. 行政程序与纳税人基本权 [M]. 北京：北京大学出版社，2005：26，54.

［54］谷成，张航．基于财政透明视角的纳税人权利保护［J］．税务研究，2015（5）：60-67.

［55］国家税务总局税收科学研究所．西方税收理论［M］．北京：中国财政经济出版社，1997：33-35.

［56］国家税务总局深圳市税务局课题组，张国钧，李伟，等．新时代税收管理现代化问题研究［J］．税务研究，2020（7）：121-126.

［57］国家税务总局湖北省税务局课题组，胡立升，李波．国家治理现代化视角下《税收征管法》修订研究［J］．税务研究，2020（3）：79-84.

［58］国家税务总局深圳市税务局课题组，李伟，罗伟平，等．建立基于"税务云+税务链"的信息化架构体系研究：兼论"金税四期"的技术与业务架构［J］．财经智库，2021，6（3）：44-60，141.

［59］郭庆旺，苑新丽，夏文丽．当代西方税收学［M］．大连：东北财经大学出版社，1997：209-217.

［60］郭月梅，厉晓．从税收管理走向税收治理：基于国家治理视角的思考［J］．税务研究，2017（9）：112-116.

［61］哈贝马斯．在事实与规范之间：关于法律和民主法治国的商谈理论［M］．童世骏，译．北京：生活·读书·新知三联书店，2003.

［62］韩志红．公益诉讼制度：公民参加国家事务管理的新途径：从重庆綦江"彩虹桥"倒塌案说开去［J］．中国律师，1999（11）：60-62.

［63］韩兆洲，黎中彦．中美两国经济实力与潜力的比较分析［J］．数量经济技术经济研究，2014，31（7）：115-133.

［64］何海波．"越权无效"是行政法的基本原则吗？：英国学界一场未息的争论［J］．中外法学，2005（4）：488-500.

［65］何锦前，司晓丽．改革开放以来税法研究之主题变奏：以《税务研究》为样本的文献计量分析［J］．税务研究，2019（1）：50-58.

［66］贺燕．行政复议前置、税法确定性与税收治理现代化［J］．税

务研究，2020（4）：82-88.

[67] 侯卓，吴东蔚．论纳税人诚实推定权的入法途径［J］．北京行政学院学报，2021（2）：73-84.

[68] 胡明．财政权利的逻辑体系及其现实化构造［J］．中国法学，2018（1）：143-165.

[69] 胡翔．德国税务司法制度特点及借鉴［J］．国际税收，2016（9）：73-75.

[70] 霍布斯．利维坦［M］．黎思复，黎廷弼，译．北京：商务印书馆，1985：132-136.

[71] 黄俊杰．税捐正义［M］．北京：北京大学出版社，2004：5.

[72] 黄茂荣．税法总论：法学方法与现代税法［M］．第一册增订二版．台北：植根法学丛书编辑室，2005：117.

[73] 华国庆．试论纳税人知情权及其法律保障［J］．法学家，2006（2）：93-99.

[74] 季卫东．法治秩序的建构［M］．北京：中国政法大学出版社，1999：3.

[75] 加达默尔．真理与方法［M］．洪汉鼎，译．上海：上海译文出版社，1992：275.

[76] 姜春艳．北美和中国纳税人权利法律保护之比较研究［D］．北京：对外经济贸易大学，2005.

[77] 金子宏．日本税法原理［M］．刘多田，等译．北京：中国财政经济出版社，1989：19-24.

[78] 拉伦茨．法学方法论［M］．陈爱娥，译．北京：商务印书馆，2003：318，355.

[79] 波斯纳．法律的经济分析［M］．蒋兆康，译．北京：中国大百科全书出版社，1997：12-13.

[80] 黎江虹．中国纳税人权利研究［M］．北京：中国检察出版社，

2009：80-81，112-120，219.

[81] 李建人. 英国税收法律主义的历史源流 [M]. 北京：法律出版社，2012：277-288.

[82] 李晓安. 改革开放 40 年我国法治建设中的权利认知与法律实践 [J]. 法学论坛，2018（4）：13-20.

[83] 李晓安. 设立税务法庭：税收司法专业化改革的必然选择 [J]. 税务研究，2020（1）：86-90.

[84] 李晓安，王美慧. 电子商务法中删除权的法经济学分析 [J]. 北京行政学院学报，2020（2）：89-96.

[85] 李晓安，张文斐. 耦合性视域下保理合同"入典"辨思 [J]. 山东社会科学，2020（2）：30-35.

[86] 李晓安. 税者有其权：纳税人权利保护之立法探究 [J]. 东岳论丛，2021（2）：83-94.

[87] 李玉胜. 依法治税 精确执法 不断推进税收征管法治化现代化 [J]. 中国税务，2021（8）：52-53.

[88] 李旭辉，李丽雅，殷缘圆. 中原城市群经济社会发展统计测度 [J]. 统计与决策，2021，37（4）：123-127.

[89] 李志文，冯建中.《海洋基本法》的立法要素与范式考量 [J]. 社会科学家，2019（3）：133-141.

[90] 廖楚晖，李海英，魏贵和. 纳税人行为及对税收满意度分析 [J]. 税务研究，2009（2）：81-82.

[91] 廖仕梅. 税务行政救济制度存在的问题及重构建议 [J]. 税务研究，2016（8）：60-63.

[92] 廖仕梅. 废除税务行政救济前置条件的必要性与可行性 [J]. 行政法学研究，2017（1）：121-130.

[93] 刘峰. 改革开放以来党的税收工作实践与展望 [J]. 税务研究，2021（8）：53-58.

［94］刘汉武．日本的国税不服审判所［J］．中国税务，1990（1）：60-61．

［95］刘恒．行政救济制度研究［M］．北京：法律出版社，1998：7．

［96］刘合斌．纳税人满意度测评指标分析［J］．税务研究，2010（7）：76-78．

［97］刘剑文．财税法教程［M］．北京：法律出版社，1995：123-176．

［98］刘剑文，宋丽．《税收征管法》中的几个重要问题［J］．税务研究，2000（11）：68-75．

［99］刘剑文．税法专题研究［M］．北京：北京大学出版社，2002：166-169．

［100］刘剑文．税法学［M］．北京：人民出版社，2003：565．

［101］刘剑文，熊伟．税法基础理论［M］．北京：北京大学出版社，2004．

［102］刘剑文．关于我国税收立宪的建议［J］．法学杂志，2004（1）：76-77．

［103］刘剑文，王桦宇．公共财产权的概念及其法治逻辑［J］．中国社会科学，2014（8）：129-146．

［104］刘剑文．财税法功能的定位及其当代变迁［J］．中国法学，2015（4）：162-180．

［105］刘剑文．落实税收法定原则的现实路径［J］．政法论坛，2015，33（3）：14-25．

［106］刘剑文，侯卓．纳税前置制度的反思与超越［J］．江汉论坛，2015（6）：112-119．

［107］刘剑文．改革开放40年与中国财税法发展［M］．北京：法律出版社，2018：161．

［108］刘剑文，苗连营，熊文钊，等．财税法学与宪法学的对话：国家宪法任务、公民基本权利与财税法治建设［J］．中国法律评论，2019

（1）：1-24.

［109］刘鹏，徐超．税务行政复议前置程序的理解和展望［J］．财税法论丛，2015，16（2）：398-410.

［110］刘升．存量住房征收房产税的合法性：以重庆市房产税试点改革方案为例［J］．广东海洋大学学报，2012（2）：52-56.

［111］刘昭．税收征管服务公众满意度测评及思考：以长沙市某国税分局为例［J］．湘潮，2008（6）：7-9.

［112］刘志鑫．论房产税征税对象选择与税收减免：以税负平等为视角［J］．清华法学，2014（5）：68-87.

［113］龙卫球．《个人信息保护法》的基本法定位与保护功能：基于新法体系形成及其展开的分析［J］．现代法学，2021，43（5）：84-104.

［114］卢梭．社会契约论［M］．何兆武，译．上海：商务印书馆，1980：5-20.

［115］耶林．为权利而争斗［M］//梁慧星．民商法论丛：第2卷．北京：法律出版社，1999：37-39.

［116］洛克．政府论：下篇［M］．叶启芳，瞿菊农，译．北京：商务印书馆，1964：77-78，86.

［117］罗竹风．汉语大词典：第2卷［M］．上海：上海出版社，1988：944.

［118］德沃金．认真对待权利［M］．信春鹰，吴玉章，译．北京：中国大百科全书出版社，1998：40.

［119］保罗，麦乐怡．法与经济学［M］．孙潮，译．杭州：浙江人民出版社，1999.

［120］考特，尤伦．法和经济学［M］．张军，译．上海：上海三联书店，1994：739.

［121］阿列克西．法：作为理性的制度化［M］．雷磊，编译．北京：中国法制出版社，2012：113-114，150.

［122］吕铖钢．税务行政裁量权的理论阐释、行为纠偏与路径选择［J］．北京理工大学学报（社会科学版），2021，23（2）：152-160.

［123］马蔡琛，桂梓椋．税务法庭建设的国际经验与启示［J］．税收经济研究，2018，23（2）：60-66.

［124］马克思，恩格斯．马克思恩格斯选集：第三卷［M］．北京：人民出版社，1972：12.

［125］马克思，恩格斯．马克思恩格斯选集：第七卷［M］．北京：人民出版社，1982：94.

［126］马骏.中国财政国家转型：走向税收国家？［J］.吉林大学社会科学学报，2011，51（1）：18-30.

［127］梅因．古代法［M］．沈景一，译．北京：商务印书馆，1959：15.

［128］孟德斯鸠．论法的精神：上册［M］.张雁深，译．北京：商务印书馆，1961：154.

［129］孟德斯鸠．论法的精神：上册［M］.张雁深，译．北京：商务印书馆，1982：153-155.

［130］苗连营．纳税人和国家关系的宪法建构［J］．法学，2015（10）：86-92.

［131］卡佩莱蒂．福利国家与接近正义［M］.刘俊祥，等译．北京：法律出版社，2000：69.

［132］莫纪宏．纳税人的权利［M］．北京：群众出版社，2006：73.

［133］罗斯巴德．权利与市场［M］．北京：新星出版社，2007：90-91，98，100，244-245.

［134］罗斯巴德．自由的伦理［M］．上海：复旦大学出版社，2008：221.

［135］牛致中．参考英国立法体制的得失［M］//罗豪才．行政法论丛：第七卷．北京：法律出版社，2004：420.

［136］温里布．私法的理念［M］．徐爱国，译．北京：北京大学出版社，2007：41.

［137］庞凤喜．我国纳税人权利问题研究［J］．税务研究，2002（3）：68-71.

［138］彭礼堂．中国税收授权立法：从严重越位到严格禁止［J］．经济法论丛，2017，30（2）：290-307.

［139］漆多俊．经济法基础理论［M］．4版．北京：法律出版社．2008：252.

［140］漆亮亮，王晔．新时代推进我国自然人税收治理现代化的思考［J］．税务研究，2021（1）：134-138.

［141］乔博娟．税制改革中纳税人权利救济体系的反思与重构：以税务行政复议与税务诉讼的自由选择为中心［J］．现代经济探讨，2016（9）：55-58，62.

［142］钱弘道，王朝霞．论中国法治评估的转型［J］．中国社会科学，2015（5）：84-104.

［143］乔洪武．西方经济伦理思想研究及其发展［J］．中国社会科学评价，2020（1）：92-96.

［144］阮友利．对我国税务行政复议制度的几点思考［J］．税务与经济，2010（5）：94-97.

［145］佘倩影，刘剑文．税收法定主义：从文本到实践的挑战与路径［J］．辽宁大学学报（哲学社会科学版），2016，44（6）：98-106.

［146］霍尔姆斯，桑斯坦．权利的成本：为什么自由依赖于税［M］．毕竞悦，译．北京：北京大学出版社，2004：39-40，153.

［147］施正文．税收程序法论：监控征税权运行的法理与立法研究［M］．北京：北京大学出版社，2003：146.

［148］施正文．税收债法论［M］．北京：中国政法大学出版社，2008.

［149］施正文．论《税收征管法》修订需要重点解决的立法问题

[J]. 税务研究，2012（10）：57-62.

[150] 施正文. 税法总则立法的基本问题探讨：兼论《税法典》编纂[J]. 税务研究，2021（2）：94-103.

[151] 宋丽颖，张安钦. 公共服务满意度、道德认知与自然人纳税遵从意愿[J]. 当代经济科学，2020，42（6）：50-63.

[152] 苏月中，刘巧巧. 纳税人权利意识与征税遵从行为相互影响研析[J]. 税务研究，2016（4）：98-102.

[153] 孙玉栋，庞伟. 我国现代税收制度的改革趋势探究[J]. 中国特色社会主义研究，2019（1）：12-19.

[154] 宋方青. 立法能力的内涵、构成与提升以人大立法为视角[J]. 中外法学，2021，33（1）：161-178.

[155] 杰弗逊. 杰弗逊文选[M]. 王华，译. 上海：商务印书馆，1965：51.

[156] 涂龙力. 税收基本法研究[M]. 大连：东北财经大学出版社，1998：145，147-148.

[157] 汪中代. 外国税收征管制度比较与借鉴[J]. 山东省农业管理干部学院学报，2004（6）：80-81，102.

[158] 王佩苓. 税收的概念[J]. 财政研究，1984（5）：76-79.

[159] 王泽鉴. 法律思维与民法实例[M]. 北京：中国政法大学出版社，2001：212.

[160] 王鸿貌. 税法学的立场与理论[M]. 北京：中国税务出版社，2007：23.

[161] 王鸿貌. 我国税务行政诉讼制度的缺陷分析[J]. 税务研究，2009（7）：63-67.

[162] 王建平. 税收立法应坚持民主立法的价值取向[N]. 中国税务报，2005-10-19（007）.

[163] 王建平. 纳税人权利及其保障研究[D]. 长沙：湖南大

学，2008.

[164] 王玮．纳税人权利与我国税收遵从度的提升 [J]．税务研究，2008（4）：70-74.

[165] 王瑞．行政立法效益评估：美国的做法及启示 [J]．行政与法，2010（4）：91-94.

[166] 王利明．民法的人文关怀 [J]．中国社会科学，2011（4）：149-165，223.

[167] 王利军，李大庆．公益诉讼与纳税人权利救济 [C]//第23届海峡两岸财税法学术研讨会论文集．北京：中国财税法学研究会，2015：193.

[168] 王军．论税收效率问题 [J]．税务研究，2015（12）：91-94.

[169] 王霞，陈辉．税收救济"双重前置"规则的法律经济学解读 [J]．税务研究，2015（3）：78-82.

[170] 王海勇．自然人税收管理体系的构建：以税收本质属性为视角 [J]．税务研究，2016（11）：118-120.

[171] 韦德．行政法 [M]．楚建，译．北京：中国大百科全书出版社，1997：233.

[172] 翁武耀，蓝昕，周玉昕．外国纳税人的权利保护及其立法借鉴 [J]．研究生法学，2017，32（3）：1-18.

[173] 翁武耀．意大利《纳税人权利宪章》评析与借鉴 [J]．税收经济研究，2018，23（1）：44-54.

[174] 巫念衡．简析新制定公布之纳税者权利保护法：上 [J]．月旦法学教室，2017，172：128.

[175] 桑福德．成功税制改革的经验与问题：税制改革的深层次问题：第四卷 [M]．许建国，等译．北京：中国人民大学出版社，2001：194.

[176] 习近平．习近平谈治国理政：第二卷 [M]．北京：外文出版社，2017：443.

［177］肖加元．税收效率思想发展演进及其前沿研究［J］．财经理论与实践，2009，30（1）：69-73．

［178］熊伟．论我国的税收授权立法制度［J］．税务研究，2013（6）：50-54．

［179］熊伟．重申税收法定主义［J］．法学杂志，2014，35（2）：23-30．

［180］徐阳光．纳税人诉讼的另类视角：兼评蒋时林诉常宁市财政局违法购车案［J］．涉外税务，2006（8）：30-33．

［181］许多奇．论税法量能平等负担原则［J］．中国法学，2013（5）：65-76．

［182］许健聪.中国复合型公共财产法治体系的构建［D］．广州：华南理工大学，2017．

［183］斯密．国民财富的性质和原因的研究［M］．郭大力，王亚南，译．北京：商务印书馆，1972：254-284．

［184］杨克文，温彩霞，周家戎．始终坚持科学行政 五大举措推进湖北地税事业健康发展：访湖北省地方税务局局长许建国［J］．中国税务，2011（2）：52-55．

［185］叶兴艺，钟世升．交往理论视野中的公共权力［J］．党政干部学刊，2008（5）：55-56．

［186］叶承芳，祁志钢．公法之债视阈下的公权力与私权利：基于税收法律关系与纳税人诉讼的思考［J］．人民论坛，2011（29）：100-101．

［187］叶金育．税法解释中纳税人主义研究［D］．武汉：武汉大学，2015．

［188］余鹏峰．纳税者权利保护的立法建构：以台湾所谓"纳税者权利保护法"为例［J］．税收经济研究，2018，23（3）：70-76．

［189］于俊．国家治理视角下的当代中国税收制度改革研究［D］．泉州：华侨大学，2019．

［190］于子胜．变革税务执法、服务、监管理念 提升税收治理能力［J］．税务研究，2021（6）：18-24.

［191］袁明圣．行政立法权扩张的现实之批判［J］．法商研究，2006（2）：49-56.

［192］曾飞．国外纳税服务的经验及借鉴［J］．税务研究，2003（12）：57-59.

［193］曾赟．法治评估的有效性和准确性：以中国八项法治评估为检验分析对象［J］．法律科学（西北政法大学学报），2020，38（2）：3-18.

［194］翟中玉．税权平衡论［D］．长春：吉林大学，2018.

［195］赵文斗．日本建立电子政府 强化税收管理［J］．中国税务，2002（3）：26.

［196］赵雷．行政立法评估之成本收益分析：美国经验与中国实践［J］．环球法律评论，2013，35（6）：132-145.

［197］布坎南．自由、市场和国家［M］．北京：北京经济学院出版社，1989：97-108.

［198］布坎南．公共财政［M］．北京：中国财政经济出版社，1991：13-15.

［199］布坎南．民主财政论［M］．穆怀朋，译．北京：商务印书馆，1993：14.

［200］布坎南．宪法秩序的经济学与伦理学［M］．北京：商务印书馆，2008：79-82，327.

［201］张成福，党秀云．公共管理学［M］．北京：中国人民大学出版社，2001：354.

［202］张富强．论税收国家的基础［J］．中国法学，2016（2）：166-183.

［203］张建顺，匡浩宇．"放管服"改革与纳税人满意度：施策重点与优化路径：基于机器学习方法［J］．公共管理学报，2021，18（4）：

46-62，169.

[204] 张凯，朱诗怡．高质量视角下税收是否促进了经济增长：机制与实证 [J]．山西财经大学学报，2020，42（8）：27-42.

[205] 张克．从物业税设想到房产税试点：转型期中国不动产税收政策变迁研究 [J]．公共管理学报，2014，11（3）：24-37，140.

[206] 张守文．论税收法定主义 [J]．法学研究，1996（6）：57-65.

[207] 张文显．法理学 [M].2 版．北京：高等教育出版社，2003：230，320.

[208] 张文显．新思想引领法治新征程：习近平新时代中国特色社会主义思想对依法治国和法治建设的指导意义 [J]．法学研究，2017，39（6）：3-20.

[209] 张五常．交易费用的范式 [J]．社会科学战线，1999（1）：1-9.

[210] 张馨．"税收价格论"：理念更新与现实意义 [J]．税务研究，2001（6）：39-41.

[211] 张雪魁．论税收正义 [J]．伦理学研究，2009（4）：25-30，35.

[212] 张义军．我国税收法定原则实现路径研究 [D]．北京：首都经济贸易大学，2017.

[213] 张原．税务机关自由裁量权不应"太自由" [N]．人民政协报，2016-04-18（005）.

[214] 郑杭生，邵占鹏．治理理论的适用性、本土化与国际化 [J]．社会学评论，2015，3（2）：34-46.

[215] 郑方辉，何志强．法治政府绩效评价：满意度测量及其实证研究：以 2014 年度广东省为例 [J]．北京行政学院学报，2016（2）：41-48.

[216] 朱晓波．税收法律既定条件下的纳税人纳税利益选择 [J]．税务研究，2014（6）：63-66.

［217］朱大旗．个人信息保护制度在税收领域的适用与完善：以《民法典》中的相关规定为切入点［J］．税务研究，2021（1）：13-19.

［218］朱大旗，张牧君．美国纳税人权利保护制度及启示［J］．税务研究，2016（3）：78-84.

［219］朱孔武．征税权、纳税人权利与代议政治［M］．北京：中国政法大学出版社，2017：2，264-270.

［220］周尚君，彭浩．可量化的正义：地方法治指数评估体系研究报告［J］．法学评论，2014，32（2）：117-128.

［221］周佑勇．习近平法治思想的人民立场及其根本观点方法［J］．东南学术，2021（3）：43-53，246.

［222］周奕多．推行辅导式检查 创新税务稽查方式［J］．特区经济，2021（3）：149-151.

［223］卓泽渊．论法的价值［J］．中国法学，2000（6）：23-37.

［224］卓泽渊．国家治理现代化的法治解读［J］．现代法学，2020，42（1）：3-14.

［225］中国税务年鉴编辑委员会．中国税务年鉴2013［M］．北京：中国税务出版社，2013.

［226］中国税务年鉴编辑委员会．中国税务年鉴2015［M］．北京：中国税务出版社，2015.

［227］中国税务年鉴编辑委员会．中国税务年鉴2018［M］．北京：中国税务出版社，2018.

［228］中国税务年鉴编辑委员会．中国税务年鉴2019［M］．北京：中国税务出版社，2019：137.

［229］中国税务年鉴编辑委员会．中国税务年鉴2020［M］．北京：中国税务出版社，2020：158.

［230］中国政法大学法治政府研究院．法治政府蓝皮书：中国法治政府评估报告（2020）［M］．北京：社会科学文献出版社，2020.